Boonwennesom Telesphore Tiendrebeogo

Système de Nommage à Indirections Multiples pour l'Internet

Boonwennesom Telesphore Tiendrebeogo

Système de Nommage à Indirections Multiples pour l'Internet

Architecture et évaluation de la DHT CLOAK

Presses Académiques Francophones

Impressum / Mentions légales
Bibliografische Information der Deutschen Nationalbibliothek: Die Deutsche
Nationalbibliothek verzeichnet diese Publikation in der Deutschen Nationalbibliografie;
detaillierte bibliografische Daten sind im Internet über http://dnb.d-nb.de abrufbar.
Alle in diesem Buch genannten Marken und Produktnamen unterliegen warenzeichen-,
marken- oder patentrechtlichem Schutz bzw. sind Warenzeichen oder eingetragene
Warenzeichen der jeweiligen Inhaber. Die Wiedergabe von Marken, Produktnamen,
Gebrauchsnamen, Handelsnamen, Warenbezeichnungen u.s.w. in diesem Werk berechtigt
auch ohne besondere Kennzeichnung nicht zu der Annahme, dass solche Namen im Sinne
der Warenzeichen- und Markenschutzgesetzgebung als frei zu betrachten wären und
daher von jedermann benutzt werden dürften.

Information bibliographique publiée par la Deutsche Nationalbibliothek: La Deutsche
Nationalbibliothek inscrit cette publication à la Deutsche Nationalbibliografie; des
données bibliographiques détaillées sont disponibles sur internet à l'adresse http://dnb.d-
nb.de.
Toutes marques et noms de produits mentionnés dans ce livre demeurent sous la
protection des marques, des marques déposées et des brevets, et sont des marques ou des
marques déposées de leurs détenteurs respectifs. L'utilisation des marques, noms de
produits, noms communs, noms commerciaux, descriptions de produits, etc, même sans
qu'ils soient mentionnés de façon particulière dans ce livre ne signifie en aucune façon que
ces noms peuvent être utilisés sans restriction à l'égard de la législation pour la protection
des marques et des marques déposées et pourraient donc être utilisés par quiconque.

Coverbild / Photo de couverture: www.ingimage.com

Verlag / Editeur:
Presses Académiques Francophones
ist ein Imprint der / est une marque déposée de
OmniScriptum GmbH & Co. KG
Heinrich-Böcking-Str. 6-8, 66121 Saarbrücken, Deutschland / Allemagne
Email: info@presses-academiques.com

Herstellung: siehe letzte Seite /
Impression: voir la dernière page
ISBN: 978-3-8416-2451-2

N° *d'ordre* : 4788

UNIVERSITÉ DE BORDEAUX I   UNIVERSITÉ DE OUAGADOUGOU

THÈSE EN COTUTELLE
pour obtenir le grade de

DOCTEUR DE L'UNIVERSITÉ DE BORDEAUX

Spécialité : Informatique

École doctorale : Mathématiques et Informatique

Laboratoire Bordelais de Recherche en Informatique

DOCTEUR DE L'UNIVERSITÉ DE OUAGADOUGOU

Spécialité : Informatique

École doctorale : Sciences et Technologies

Laboratoire de Traitement de l'Information et de la Communication

Présentée par

Boonwennesom Telesphore TIENDREBEOGO

Système Dynamique et Réparti de Nommage à Indirections Multiples pour les Communications dans l'Internet.

Dirigée par **Damien MAGONI** et
codirigée par **Oumarou SIÉ**

Soutenue à Bordeaux le 24 juin 2013
devant le jury composé de :

Hervé GUYENNET - rapporteur/président - PR - Université Franche Comté
Clémence MAGNIEN - rapporteur - CR1 HDR - Université Paris 6
Damien MAGONI - co-directeur de thèse - PR - Université Bordeaux 1
Oumarou SIÉ - co-directeur de thèse - MC CAMES - Université Ouagadougou
Toufik AHMED - membre invité - PR - Université Bordeaux 1
Tayeb LEMLOUMA - membre invité - MC - Université Rennes 1

Dédicace

« La main de Dieu, lorsqu'elle nous châtie, est comme celle d'un chirurgien, qui ne blesse que pour guérir. »

Saint François de Salle, *Oeuvres complètes de Saint François de Salle, Tome premier.*

Remerciements

Ce manuscrit de thèse n'aurait pas pu voir le jour sans l'aide de quelques personnes que je tiens à remercier particulièrement.

Je remercie chaleureusement les membres du jury qui ont tous sans hésiter accepter de participer à cette soutenance : merci tout d'abord au professeur Hervé GUYENNET, pour avoir accepté de présider celui-ci ; merci ensuite aux professeurs Clémence MAGNIEN et Hervé GUYENNET, pour avoir accepté la lourde tâche de rapporter sur ma thèse ; merci enfin aux professeurs Toufik AHMED et Tayeb LEMLOUMA, d'avoir accepté l'invitation du jury de ma thèse.

Je tiens à remercier tout particulièrement le professeur Damien MAGONI, mon directeur de thèse, pour ses qualités humaines, l'excellence de son encadrement, sa disponibilité, sa gentillesse et son attention. Je lui sais gré de m'avoir donné sa confiance tout au long des trois années. Sa rigueur scientifique a été déterminante pour ma formation de chercheur. Il a toujours été là dans les moments difficiles pour me diriger. Il est clairement lié à cette réussite. Encore une fois merci.

Je remercie aussi le professeur Oumarou SIÉ, mon directeur de thèse, pour l'ensemble des conseils qu'il a su me donner au quotidien, aussi bien sur des questions de recherche que d'enseignement.

L'ambiance qui a régné au sein de mon environnement de travail (la CVT) a été un facteur important du bon déroulement de ce travail pendant mon séjour à Bordeaux. Je remercie chaque membre pour sa bonne humeur et sa disponibilité.

Plus personnellement, je tiens à remercier François d'Assise Bissyandé, Rémi Laplace, Cyril Cassagnes, Jonathan Ouoba, Vincent Autefage, Daouda Ahmat, Damien Dubernet, Hugo Balacey, Jigar Solanki.

Je remercie tout particulièrement Cyril Cassagnes avec qui j'ai beaucoup travaillé sur le projet CLOAK.

Mes remerciements vont à l'endroit de tous les collègues de l'Université Polytechnique de Bobo-Dioulasso qui m'ont soutenu même dans l'anonymat pendant certains moments difficiles. Aussi, je remercie les autorités de l'Université Bordeaux 1, du LaBRI et de l'équipe PROGRESS pour l'accueil. Je remercie particulièrement le professeur Serge CHAUMETTE pour sa sympathie.

Je remercie ma famille, mes amis et parents, qui ont su me comprendre et m'aider tout au long de ces trois années. En particulier, mes remerciements vont à mes sœurs Caroline, Estelle, Berthe et Martine ainsi qu'à monsieur BONKOUNGOU Zouli, madame BONKOUNGOU Rosalie, monsieur OUEDRAOGO Jean de Matha, au pasteur Jean-Pierre NIKIEMA et aux professeurs Abou NAPON et Stanislas OUARO.

Je ne peux terminer mes remerciements sans remercier du fond du cœur l'Éternel Dieu, qui m'a aidé à devenir ce qu'il a bien voulu que je sois.

Table des matières

Table des figures

Liste des tableaux

Resumé

Le routage dans Internet est basé sur des tables dites de routage, formées de blocs d'adresses IP. Cependant, la construction et la maintenance de telles tables de routage nécessitent l'utilisation de protocoles complexes qui ne passent pas à l'échelle en termes de mémoire et d'utilisation CPU. De plus, l'expérience montre que le plan d'adressage IP est insuffisant, car la sémantique d'une adresse IP est à la fois un identificateur et un localisateur. Dans nos travaux, nous proposons un système de réseau recouvrant pair-à-pair libre de toute contrainte topologique et utilisant des coordonnées virtuelles prises dans le plan hyperbolique nommé CLOAK (*Covering Layer Of Abstract Knowledge* en anglais). Les schémas de routages locaux basés sur des coordonnées virtuelles extraites du plan hyperbolique ont suscité un intérêt considérable ces dernières années. Dans cette thèse, nous proposons une nouvelle approche pour saisir le potentiel de la géométrie hyperbolique. L'objectif est de construire un système extensible et fiable pour créer et gérer des réseaux recouvrants dans Internet. Le système est implémenté comme une infrastructure pair-à-pair structuré basé sur les protocoles de la couche transport entre les pairs. Quant à l'organisation des données dans l'espace virtuel, nous employons la réplication pour améliorer la disponibilité et l'accessibilité des objets de l'*overlay* potentiellement instable. Nous avons implémenté et évalué différentes méthodes de réplication (réplication radiale, réplication circulaire). À l'aide de simulations, nous évaluons notre proposition à travers un certain nombre de métriques et nous montrons que les réseaux recouvrants pair-à-pair basés sur la géométrie hyperbolique ont de bonnes performances par rapport aux autres DHT existantes tout en introduisant flexibilité et robustesse dans les réseaux recouvrants dynamiques.

Mot clés : Système reparti, Système dynamique, Simulation, Arbre, Adressage, Routage Glouton, Pair-à-Pair, THD, Réplication, Va-et-Vient.

Abstract

Internet routing is based on forwarding tables populated by blocks of IP addresses. However, the construction and maintenance of such tables require the use of complex routing protocols that are typically not scalable in terms of memory and CPU usage. Moreover, experience shows that the IP addressing plane is insufficient due to the semantic of an IP address being both an identifier and a locator. In this paper, we propose a P2P overlay system of freed topology and using virtual coordinates taken from the hyperbolic plane named CLOAK(Covering Layer Of Abstract Knowledge en anglais). Local knowledge routing schemes based on virtual coordinates taken from the hyperbolic plane have attracted considerable interest in recent years. In this thesis we propose a new approach for seizing the power of the hyperbolic geometry. We aim at building a scalable and reliable system for creating and managing overlay networks over the Internet. The system is implemented as a structured peer-to-peer infrastructure based on the transport layer connections between the peers. Concerning data organisation in the virtual space, we use replication strategy for improve overlay objects disponibilty and accessibility in context potentially unstable. We have implemented and evaluated various replication methods (radial replication, circular replication). Using simulations, we assess our proposal across a certain number of metric and show that overlay Peer-to-Peer network based on the hyperbolic geometry have good performances in comparison with other existent DHT while introducing suppleness and robustness in the dynamic overlay network.

Keywords : Distributed system, Dynamic system, Tree, Addressing, Greedy Routing, Peer-To-Peer, DHT, Replication, Churn.

Chapitre 1

Introduction Générale

1.1 Contexte

Dès l'avènement de l'Internet (*Inter-networking* en anglais) au début des années 1990, l'architecture client/serveur s'est imposée comme une structure de référence pour le partage des ressources. Dans le modèle associé à cette structure, le système repose sur un serveur dédié qui centralise et maintient l'ensemble des ressources et des services. Dès lors, le nombre croissant d'utilisateurs exige un plus grand effort d'investissement des fournisseurs de services. Il est en effet nécessaire de garantir la disponibilité des ressources et des services, malgré le grand nombre de requêtes simultanées. Ceci nécessite d'importantes ressources et impose des contraintes à la fois logicielles et matérielles, rendant ainsi de tels systèmes très coûteux. Pourtant, la croissance du nombre de participants implique aussi que cet ensemble possède une forte ressource cumulée et une multitude de services ; d'où le paradigme Pair-à-Pair (*Peer-to-Peer ou P2P* en anglais).

Le principe du pair-à-pair consiste en la mutualisation de ressources et la distribution de tâches [48]. Un système pair-à-pair est donc un système distribué de pairs connectés, consommateurs et fournisseurs de services. Les systèmes reposant sur ce paradigme sont mis en oeuvre sous forme de réseaux logiques, connectant les participants au-dessus des réseaux physiques.

Les premiers systèmes pair-à-pair ont fait leur apparition à la fin des années 1990, et depuis lors sont en développement continuel. Pourtant, le concept du pair-à-pair est loin d'être récent. En effet, il est à l'origine même d'Internet. Dès 1969, ARPANET, l'ancêtre d'Internet, fonctionnait déjà suivant le modèle pair-à-pair. Ce réseau, composé d'universités et d'entreprises, était principalement utilisé pour partager les données entre ses différents sites. Les premières applications et protocoles de communication conçus pour l'échange des fichiers, étaient déjà des applications pair-à-pair, dans le sens où chaque pair pouvait être consommateur et fournisseur à la fois. Le succès d'ARPANET a contribué à l'expansion du projet et donna naissance au protocole TCP/IP, qui sera la base d'Internet. Les nouvelles applications basées sur cette nouvelle architecture de communication ont transformé successivement le réseau Internet en un système essentiellement client/serveur. Le réseau est ainsi passé vers un système à fort potentiel de consommation.

C'est le logiciel Napster qui est à l'origine de la popularité du concept de pair-à-pair. Le succès et l'agitation suscitée par l'« affaire Napster » furent alors à l'origine du boom du *P2P file sharing* (49% à 83% du trafic Internet [49]). Plusieurs logiciels de partage de fichiers se sont succédé, nous citons : *Gnutella, eMule, KaZaA, BiTtorrent....*

Si initialement les applications de ces systèmes étaient exclusivement dédiées à l'échange et le partage de fichiers, les systèmes pair-à-pair sont utilisés depuis quelques années pour des applications variées telles que le stockage, la distribution de contenu, la communication, ou encore le calcul distribué. Le modèle P2P ouvre de nouveaux horizons aux applications déployées. Il permet en effet de décentraliser la réalisation des services et de mettre à disposition des ressources partagées dans un réseau. Cette décentralisation présente de nombreux avantages qui repoussent les limites du modèle client/serveur, tels que la tolérance aux pannes, le passage à l'échelle et la minimisation des coûts. En effet, l'absence de nœud central permet de mieux faire face aux pannes. La répartition équitable des données et des tâches permet d'équilibrer le trafic sous-jacent. Enfin, la mutualisation de toutes les ressources permet de revoir en baisse les coûts liés à l'acquisition et à la maintenance des équipements.

Toutefois, ces systèmes pair-à-pair décentralisés ne peuvent pas faire appel à une entité centrale pour coordonner l'interconnexion des pairs et s'organiser selon une topologie dynamique permettant d'assurer un routage efficace. C'est pour cette raison que l'on assiste à l'apparition des systèmes qui imposent une structure entre les pairs afin de garantir un diamètre optimal. Parmi ces systèmes, on retrouve les structures basées sur le principe des tables de hachages distribués (*Distributed Hash Tables ou DHTs* en anglais). Le principe est d'organiser les pairs selon un réseau logique structuré par exemple un anneau ou un hypercube, afin de pouvoir employer des techniques de routage appropriées et efficaces. Ces structures disposent d'une administration transparente, mais sont toutefois complexes à concevoir et posent divers problèmes relatifs à la gestion du réseau logique ainsi créé.

Par ailleurs, l'organisation des pairs de la structure doit prendre en compte l'hétérogénéité des participants, afin de faciliter et rendre plus efficace un routage. Certaines solutions proposent des structures du type hiérarchique qui reposent sur un réseau logique utilisant la notion de super nœuds. Cela permet certes une meilleure utilisation des ressources disponibles, mais la sélection et la maintenance des super-nœuds s'avèrent délicates.

Aussi, beaucoup d'efforts ont été faits pour caractériser les distributions de longueur de session et de temps d'inter-arrivée entre autres. Cependant, dans la plupart des cas, une évaluation rigoureuse reste difficile. Une des raisons est que, la fenêtre d'observation est par définition finie, nous développons ces aspects dans la partie qui traite de l'existant en matière de dynamisme dans les réseaux pair-à-pair.

1.2 Contribution

Dans cette thèse, nous nous intéressons à l'amélioration des structures de routage, de stockage et de recherche dans les systèmes P2P de partage de ressources, basés sur les DHTs. Aussi, nous travaillons sur des systèmes de pairs distribués interconnectés et fortement dynamiques. Nous nous concentrons principalement sur deux aspects de cet environnement : l'organisation des nœuds dans le réseau logique et l'organisation des données dans ce dernier.

Concernant l'organisation des nœuds dans le réseau logique, nous proposons CLOAK (en anglais *Covering Layer Of Abstract Knowlege*), une nouvelle structure d'interconnexion, de routage, de stockage et de découverte. La motivation pour nos travaux part de l'observation des contraintes topologiques existantes dans la plupart des architectures P2P. Alors que les algorithmes de DHTs existantes sont purement égalitaires, nous constatons une forte hétérogénéité dans la connectivité des pairs et dans les réseaux déployés. Nos travaux ont permis de mettre en place un nouveau mécanisme d'interconnexion de nœuds libres de toute contrainte topologique. Nous nous inspirons des travaux de Kleinberg[46] que nous étendons pour prendre en compte la dynamique du réseau. Notre architecture exploite le potentiel de la géométrie hyperbolique. Dans nos travaux, nous nous sommes intéressé spécifiquement à l'implémentation de la table de hachage distribuée de notre architecture. Nous choisissons de comparer les performances de CLOAK avec trois autres DHTs existantes et utilisant des géométries différentes : l'anneau de Chord, l'arbre de Kademlia et la structure hybride de MSPastry. Les résultats de nos travaux sont publiés dans [82][14][93][115][116].

Quant à l'organisation des données dans l'espace virtuel, nous employons la réplication pour améliorer la disponibilité et l'accessibilité des objets. Nous avons implémenté et évalué différentes stratégies de réplication appliquées à notre DHT. Les résultats sont publiés dans[116]. À partir de ces résultats, nous avons conçu un mécanisme de gestion des données de façons optimales. Ce mécanisme, évalué sur le simulateur distribué *peersim*[108], exploite les méthodes de réplication circulaire et radiale permettant des recherches fructueuses, tout en limitant le coût de signalisation de la recherche par inondation[50][76]. Les résultats acceptables de nos diverses simulations ont montré que CLOAK fournit une certaine flexibilité aux applications.

1.3 Organisation du document

Ce document se présente en deux parties. La première présente un état de l'art des systèmes P2P et la seconde donne nos contributions à l'évolution de l'Internet, notamment dans le domaine des réseaux P2P afin de la rendre plus flexible. Nous abordons nos deux principaux axes de recherche à savoir l'organisation des nœuds dans le réseau logique dynamique et l'organisation des données dans ce dernier.

La première partie, composée de deux chapitres, présente dans un premier temps, le principe du paradigme pair-à-pair et des modèles de réseaux dynamiques suivi de la modélisation du principe de *churn* ainsi que de la notion de réplication. Ainsi, nous commençons par définir le modèle pair-à-pair, ses domaines d'application et ses propriétés, puis nous présentons une classification des grandes catégories de systèmes existants. Nous détaillons en particulier dans ce chapitre, la catégorie des systèmes P2P structurés, basés sur les tables de hachage distribuées (DHTs). Plus spécifiquement, nous présentons le principe général des DHTs, puis nous identifions les différentes géométries de routage existantes. Nous nous attarderons en particulier sur CAN (en anglais *Content Addressable Network*), Chord, Pastry et Kademlia, les quatre structures DHTs les plus populaires. Dans un second temps, nous présentons les modèles de dynamisme étudiés dans les systèmes P2P ainsi que les stratégies de réplication à même d'apporter des réponses satisfaisantes au phénomène de *churn*. Aussi, nous présentons quelques résultats sur certains métriques tel que le temps d'inter-arrivée.

La seconde partie du document détaille les contributions de cette thèse. Concernant l'organisation des noeuds dans le réseau logique, nous détaillons dans le quatrième chapitre notre proposition d'*overlay* CLOAK ainsi que la table de hachage distribuée que nous utilisons. Dans le cinquième chapitre, nous évaluons les performances que réalise notre système par rapport à Chord, Kademlia et MSPastry selon différentes métriques.

Dans la suite de notre travail, nous avons exploré quelques pistes auxiliaires, pour l'optimisation des performances de notre structure. Ainsi, nous proposons dans le chapitre six, une nouvelle méthode de réplication des données au niveau de la DHT, que nous évaluons. Notre approche exploite les propriétés du modèle du disque de Poincaré en minimisant le rayon de stockage entre autres. Pour cela, nous détaillons d'abord les différentes techniques de réplication employées dans les DHTs. Nous présentons par la suite une analyse comparative de leurs propriétés et de leurs comportements afin d'en relever les différences. Enfin, nous implémentons et évaluons par simulation ses différentes méthodes de réplication. Nos résultats montrent que notre approche de réplication permet de réduire le coût des recherches tout en améliorant le taux de succès des requêtes de découverte et de stockage.

1.4 Publications

L'objectif de cette thèse était de définir un système de nommage qui permettrait entre autres de séparer le plan d'adressage IP de celui de l'identification des points de connexions TCP ou UDP. Cette séparation a dû nécessiter la création d'un nouvel espace de nommage au niveau de la couche session du modèle OSI ainsi que la définition d'une nouvelle interface de programmation des communications au niveau de cette même couche. Le nouvel espace de nommage contient des noms d'équipements liés à des adresses IP, des noms d'entités (i.e. utilisateurs, lié à des équipements) et des noms de sessions (liés à des entités). Une application ne devrait plus se servir d'une adresse IP et d'un numéro de port pour ouvrir une connexion, mais elle se servira seulement du nom de l'entité de destination et d'un identifiant d'action. Ce système de nommage permettra par exemple de faciliter la mise en œuvre transparente et simultanée de la mobilité et de la sécurité dans l'Internet en découplant les identifiants d'une communication des équipements sur lesquels elle a lieu (confère notre publication [82]). Il faudra ensuite créer dans ce même système, des espaces de nommage applicatifs (confère nos publications [14][93][115]) qui permettront via des résolutions de noms à indirection multiples d'implémenter de manière transparente et efficace des communications multipoints, des transferts de connexion, des changements d'utilisateurs, etc. Le système de nommage proposé supporte dynamiquement les changements de noms et est réparti afin de pouvoir être extensible et donc supporter le passage à l'échelle. Pour cela, il se base sur un modèle de pair-à-pair et s'implémente à l'aide de Table de Hachage Distribuée (DHT). Ce système est défini en tenant compte des contraintes de l'architecture existant de l'Internet, puis validé par simulation avec le simulateur *Peersim* entre autres [108] (confère notre publication [116]).

Liste de mes publications

[82] : Telesphore Tiendrebeogo, Damien Magoni, and Oumarou Sié. Virtual Internet Connections Over Dynamic Peer-to-Peer Overlay Networks. In 3rd International Conference on Evolving Internet, pages pp. 58-65, Luxembourg, June 2011.

[93] : Cyril Cassagnes, Telesphore Tiendrebeogo, Yérom-David Bromberg, and Damien Magoni. DHT Basée sur la Géométrie Hyperbolique. In CFIP 2011 - Colloque Francophone sur l'Ingénierie des Protocoles, Sainte Maxime, France, 2011. UTC. Session papiers courts.

[14] : Cyril Cassagnes, Telesphore Tiendrebeogo, David Bromberg, and Damien Magoni. Overlay addressing and routing system based on hyperbolic geometry. In Proceedings of the 2011 IEEE Symposium on Computers and Communications, ISCC'11, pages 294-301, Washington, DC, USA, 2011. IEEE Computer Society.

[115] : Telesphore Tiendrebeogo, Daouda Ahmat, and Damien Magoni. Reliable and Scalable Distributed Hash Tables Harnessing Hyperbolic Coordinates. In IFIP International Conference on New Technologies, Mobility and Security(NTMS'12), pages pp. 1-6, Istanbul, Turkey, 2012.

[116] : Telesphore Tiendrebeogo, Daouda Ahmat, Damien Magoni, and Oumarou Sié. Virtual connections in p2p overlays with dht-based name to address resolution. International Journal on Advances in Internet Technology, 5(1) : 11-25, 2012.

Première partie

Etat de l'art

Chapitre 2

Protocoles pair-à-pair

Sommaire

2.1 Introduction

Les systèmes pair-à-pair permettent à plusieurs ordinateurs de communiquer via un réseau, de partager simplement des objets et des fichiers le plus souvent, mais également des flux multimédias continus (*streaming* en anglais), le calcul réparti, un service (comme la téléphonie avec Skype), etc. sur Internet.

Le pair-à-pair a permis une décentralisation des systèmes, auparavant basés sur quelques serveurs (cf. figure I.2.1), en permettant à tous les ordinateurs de jouer le rôle d'un client et d'un serveur (cf. figure I.2.2). En particulier, les systèmes de partage de fichiers permettant de rendre les objets d'autant plus disponibles qu'ils sont populaires et donc répliqués sur un grand nombre de nœuds. Cela permet alors de diminuer la charge (en nombre de requêtes) imposée aux nœuds partageant les fichiers populaires, ce qui facilite l'augmentation du nombre de nœuds et donc de fichiers dans le réseau. C'est ce qu'on appelle le passage à l'échelle.

L'utilisation d'un système pair-à-pair nécessite pour chaque nœud l'utilisation d'un logiciel particulier. Ce logiciel, qui remplit alors à la fois les fonctions de client et de serveur, est parfois appelé *servent* (de la contraction de **serveur** et de **client**, due à **Gnutella**), ou plus communément, mais de façon réductrice, **client**. C'est là l'origine du terme pair (de l'anglais :*peer*) que l'on trouve dans pair-à-pair : les communications et les échanges se font entre des nœuds qui ont la même responsabilité dans le système.

Le modèle pair-à-pair va bien plus loin que les applications de partage de fichiers. Il permet en effet de décentraliser des services et de mettre à disposition des ressources dans un réseau. Tout nœud d'un réseau pair-à-pair peut alors proposer des objets et en obtenir sur le réseau. Les systèmes pair-à-pair permettent donc de faciliter le partage d'information. Ils rendent aussi la

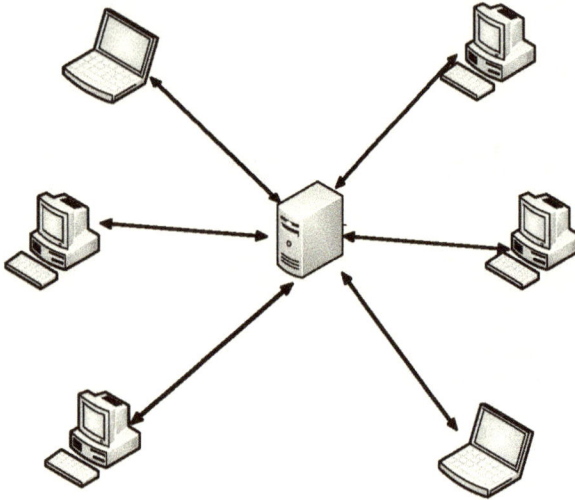

Figure I.2.1 –   Architecture client/serveur.

censure ou les attaques légales des pirates plus difficiles. Ces atouts font des systèmes pair-à-pair
des outils de choix pour décentraliser des services qui doivent assurer une haute disponibilité
tout en permettant de faibles coûts d'entretien. Toutefois, ces systèmes sont plus complexes à
concevoir que les systèmes client/serveur. Des propositions utilisant le modèle pair-à-pair sont
applicables à plus ou moins long terme pour ne plus utiliser de serveurs, entre autres pour :
  – Les DNS ;
  – La mise à disposition de logiciels (distributions Linux comme la Mandriva et mises-à-jour
    Microsoft entre autres) ;
  – La diffusion des contenus multimédias (*streaming*) ;
  – Les logiciels de messagerie en ligne.
    L'application la plus connue actuellement reste cependant le partage de fichiers par le biais
de logiciels à la fois client et serveur comme   *eDonkey/eMule* (protocole originel *eDonkey*),
FastTrack (utilisé par *KaZaA*), etc.
    Toutefois, les systèmes pair-à-pair décentralisés ont plus de difficultés que les systèmes
client/serveur pour diffuser l'information et coordonner l'interconnexion des nœuds, donc assurer des faibles délais aux requêtes. C'est pourquoi sont apparus des systèmes pair-à-pair qui
imposent une structure entre les nœuds connectés, afin de garantir des délais de communication
faibles : il s'agit des systèmes décentralisés structurés. Ces systèmes s'inspirent de structures de
graphes pour interconnecter les nœuds. Ils ont ainsi pu se passer de serveurs pour assurer une
répartition de la charge parmi les nœuds en termes :
  – De trafic de contrôle reçu et envoyé par chaque nœud, ce qui revient à limiter le nombre
    de nœuds auxquels est connecté chaque nœud ;

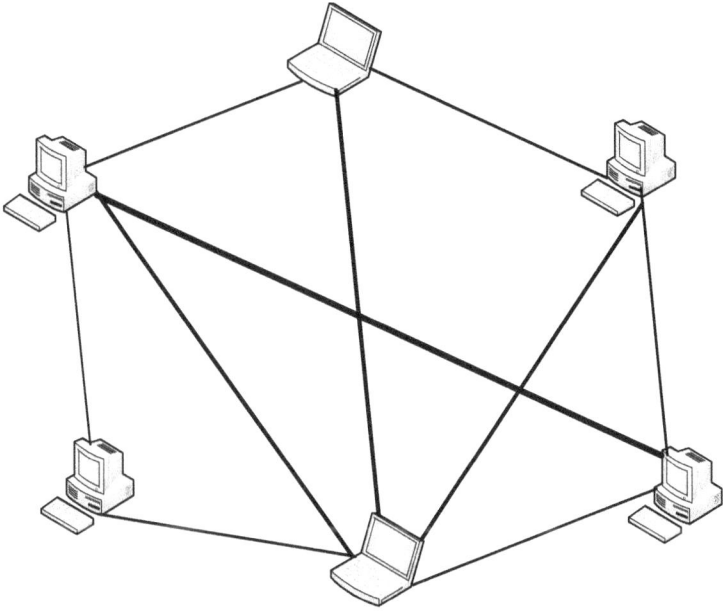

FIGURE I.2.2 –   Architecture pair-à-pair.

- De nombre de requêtes transmis à un nœud ;
- De responsabilité pour l'accès aux objets partagés dans le réseau.

Enfin, ces systèmes permettent souvent d'utiliser un routage proche de celui du graphe dont ils s'inspirent, diminuant ainsi le nombre de messages de requêtes transitant dans le réseau. Le pair-à-pair ne doit pas être confondu avec la notion de *liaison point à point* (*Point-to-Point* en anglais), ni avec le *protocole point à point (PPP)*.

2.2 Terminologie

Les notations utilisées dans nos descriptions précédentes sont détaillées dans cette section. Dans un système **P2P**, chaque pair crée des connexions vers un ensemble de pairs, en utilisant les services de télécommunications disponibles localement. Lorsqu'on cherche à insister, dans un système P2P, sur cet aspect d'interconnexion des pairs, on parle d'un réseau pair-à-pair. Le réseau P2P est ainsi le maillage établi par les pairs, en utilisant les protocoles du système P2P.

En plus d'employer les services existants dans le réseau des télécommunications, le réseau P2P possède ses propres mécanismes pour le nommage, l'adressage, le routage, etc. Quand ces mécanismes sont distincts du réseau des télécommunications utilisés, on parle d'un réseau *logique en superposition* (en anglais : *overlay*), pour insister sur le fait que le réseau P2P devient alors un réseau distinct. Ainsi, un lien dans un réseau P2P désigne une connexion entre deux pairs et peut passer par plusieurs nœuds du réseau des télécommunications *en dessous*, appelé par analogie réseau *physique* (en anglais : *underlay*).

Un réseau logique est donc l'interconnexion qui relie virtuellement les participants d'un système pair-à-pair, au-dessus d'un ou plusieurs réseaux *physiques existants*. Parmi ces réseaux existants, dits sous-jacents ou *underlay*, l'Internet (ou des sous-réseaux de l'Internet) est un bon exemple.

Aussi, le P2P fait référence à une classe de systèmes et d'applications qui utilisent des ressources distribuées (d'un réseau) pour réaliser une fonction critique de manière décentralisée [62]. Il est à noter que le terme fonction fait allusion à un service, un mécanisme (par exemple, de routage, ...), etc.

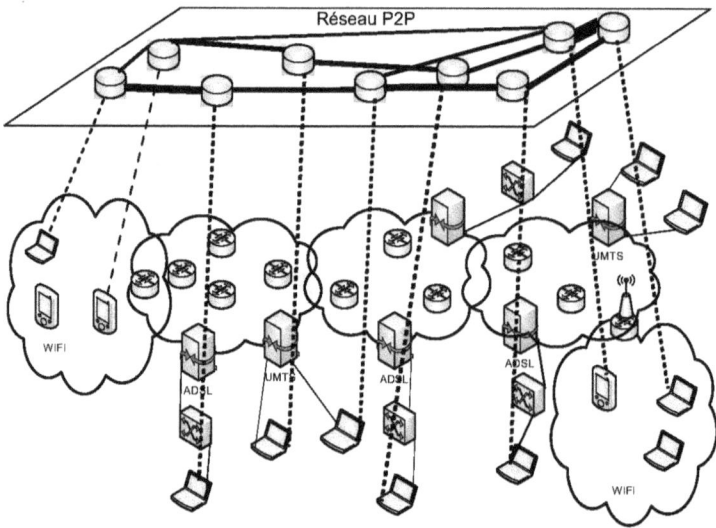

FIGURE I.2.3 –   Modèle du réseau P2P comparé aux autres.

Un lien entre deux pairs du réseau logique est une connexion virtuelle permettant la communication entre les deux nœuds. Ce lien est souvent appelé *virtuel* ou *logique*. Analogiquement, les liens dans le réseau de télécommunications sont appelés *réels* ou *physiques* (cf. figure I.2.3).

Le lien sortant est le lien direct qui mène vers un pair voisin du réseau logique. L'ensemble des liens sortants définit le nombre de voisins d'un nœud et donc son degré sortant. Le lien entrant est le lien direct depuis un nœud du réseau logique. L'ensemble des liens entrants d'un nœud A défini le nombre de nœuds dont A est voisin et donc son *degré entrant*. Enfin, le degré d'un nœud est la somme de son degré entrant et de son *degré sortant*[19].

L'objet est la donnée partagée dans le système pair-à-pair. Si le système intègre un mécanisme de réplication, plusieurs copies d'un même objet peuvent exister. Le terme réplique désigne donc la copie d'un objet. On nommera nœud *racine*, le nœud qui détient la copie *zéro* de l'objet et nœud réplique, le nœud qui détient la copie **i**. Le degré de réplication *r* désigne dans ce cas le nombre de répliques.

Lorsqu'un nœud A envoie un message de recherche pour un objet donné, ce message sera nommé **requête**. Le nœud source désigne le nœud émetteur du message et le nœud destination, la destination finale du message.

Le taux de *churn* (contraction de l'anglais *change* and *turn*) désigne en télécommunications le rapport entre le nombre d'arrivées et le nombre de départs des nœuds sur une période donnée. Par abus de langage, nous utilisons le terme *churn* pour dénoter le dynamisme des nœuds.

2.3 Architectures non structurées

Avant de présenter les architectures à base de tables de hachage distribuées (DHTs) du type seconde génération, il est important de faire un aperçu sur l'existant en matière d'architectures pair-à-pair. Ces derniers ont une utilisation populaire et grand public avec les partages de fichiers (mp3, ...) sur Internet.

2.3.1 Architecture centralisée : Napster

La dénomination Napster est évocatrice d'un service pair-à-pair spécialisé dans le partage de fichiers son (au format MP3 et Windows Media) qui a largement contribué à développer la technique P2P sur le marché grand public et même professionnel. Or, toute l'originalité de ce réseau, devenu désormais commercial, vient du fait qu'il a adopté une architecture centralisée (cf. figure I.2.4).

En théorie, un tel dispositif a représenté la solution la plus confortable pour échanger vos fichiers dans une communauté (musique, DVD...). Mais, dans la réalité, ce type d'architecture exige beaucoup d'investissement en ressources au point que les services ne sont que rarement de bonne qualité (lenteur, disponibilité...). Soit, il y a saturation ; soit, il y a limitation en termes d'utilisateurs simultanés autorisés.

Concrètement, dans toutes les architectures centralisées, un dispositif exclusivement serveur se charge de mettre en relation directe tous les utilisateurs connectés. L'intérêt de cette technique réside dans l'indexation centralisée de tous les répertoires et intitulés de fichiers partagés par les abonnés sur le réseau. En général, la mise à jour de cette base s'effectue en temps réel, dès qu'un nouvel utilisateur se connecte ou quitte le service.

Comment cela fonctionne pour les clients ? :

Le plus simplement du monde, comme avec un moteur de recherche classique : vous lancez une requête en inscrivant un mot-clé. Vous obtiendrez une liste d'utilisateurs actuellement connectés au service et dont les fichiers partagés correspondent au terme recherché. Dès lors, il suffit de cliquer sur un des intitulés de lien pour vous connecter directement sur la machine correspondante et entamer le transfert. Dans ces conditions, à aucun moment les fichiers se retrouvent stockés sur le serveur central.

Comme nous l'avons dit, le principal atout de cette méthode réside dans le confort et l'efficacité des recherches, à condition que le service ne soit pas surchargé et qu'il dispose d'une communauté suffisamment nombreuse pour le rendre intéressant. Ce qui n'est pas toujours le cas...

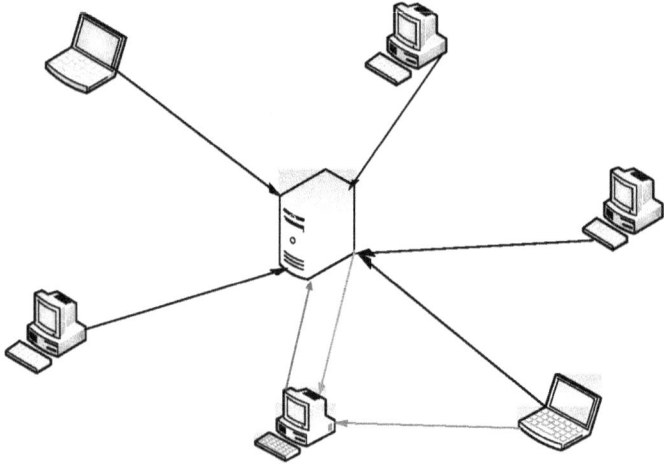

Légende:

- Un utilisateur recherche un fichier ressource en envoyant une requête au serveur central

- Le serveur central répond et transmet la liste des ordinateurs utilisateurs proposant le fichier demandé

- L'utilisateur télécharge directement le fichier à partir d'un des ordinateurs renseigné par le serveur.

FIGURE I.2.4 –   Architecture centralisée : Napster.

Enfin, nous terminerons par les principaux défauts qui reviennent lorsqu'on étudie de plus près le fonctionnement de ce type d'architecture. On en relèvera surtout trois :

– Au niveau de la sécurité, une architecture P2P centralisée s'avère particulièrement vulnérable. Elle ne propose qu'une seule porte d'entrée, son serveur centralisé, ce qui constitue le talon d'Achille de tout le réseau. Il suffirait effectivement de bloquer ce serveur pour déconnecter tous les utilisateurs et stopper le fonctionnement de l'ensemble du réseau ;
– Autre chose, le fait de passer à travers une architecture centralisée, où il faut s'enregistrer pour pouvoir y accéder, ne garantit bien évidemment aucun anonymat. Le service connaît l'adresse IP de votre machine et le type de fichiers que vous téléchargez. Il peut facilement élaborer des profils d'utilisateurs et qui ne le fait pas ? De tels fichiers clients représentent pour le moment le principal fonds de commerce des services exclusivement *on-line* ;
– Enfin, l'échange de fichiers numériques à grande échelle à travers Internet (musique, vidéo, photo, etc.) entraîne bien souvent le non respect des protections intellectuelles. Les œuvres placées sous *copyright* qui circulent sur les réseaux P2P sont légion et on se retrouve ainsi en face d'une gigantesque organisation de piratage et non plus à un petit réseau d'échanges entre amis.

a/ Amélioration du *Peer-to-Peer* centralisé

Pour résoudre les problèmes de robustesse et améliorer la qualité de connexion avec le serveur, le serveur central de l'architecture centralisée est remplacé par un anneau de serveur. Ceci permet d'éviter la chute du réseau si une panne se produit sur un serveur, car il y a toujours un point de connexion valide aux serveurs.

De plus, l'utilisation de plusieurs serveurs permet de mieux répartir les demandes de connexions et donc de limiter la chute de bande passante. Chaque serveur peut avoir accès aux informations des clients connectés sur les autres. L'accès aux données partagées est donc totalement transparent pour les utilisateurs (cf. figure I.2.5).

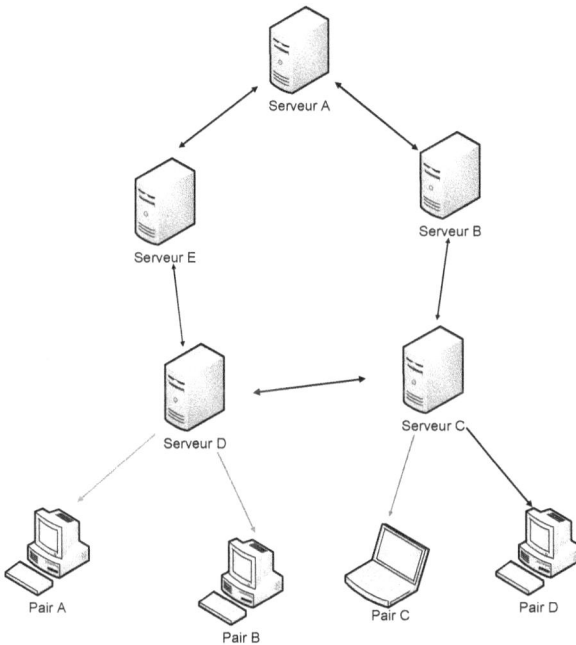

FIGURE I.2.5 –   Architecture centralisée : Amélioration.

b/ Architecture centralisée vs décentralisée

Nous avons vu que l'architecture centralisée pose des problèmes de sécurité, de robustesse et de limitation de la bande passante. Les problèmes sont directement issus de l'utilisation de serveurs dont le seul but est de posséder l'annuaire des clients.

Si on désire supprimer les serveurs centraux il faut donc trouver le moyen de constituer un annuaire sur chaque client, puis de les faire communiquer. C'est sur ces mécanismes que sont basés les réseaux pair-à-pair décentralisés. Il n'y a donc plus de serveurs centraux comme le

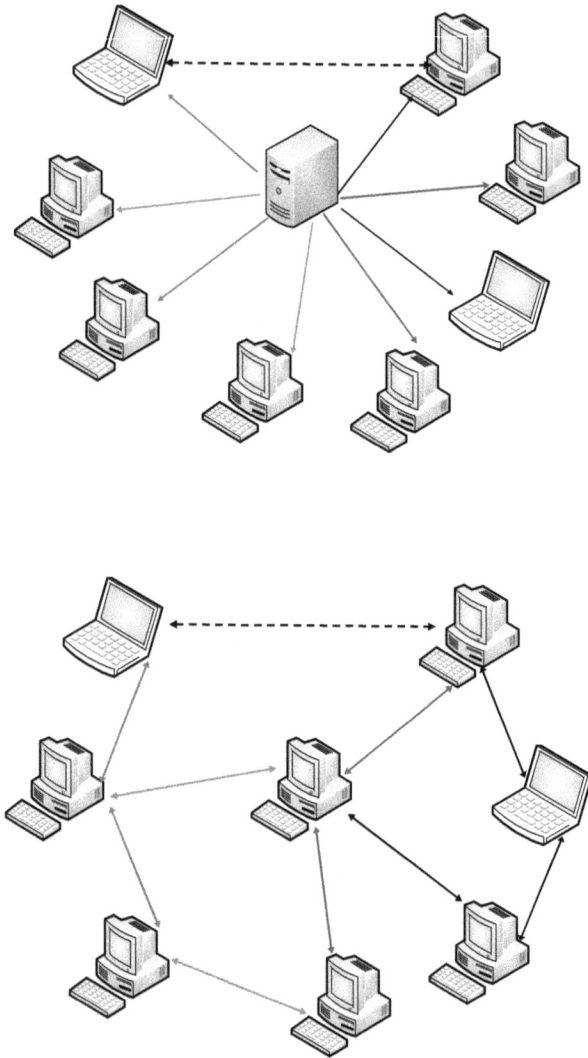

FIGURE I.2.6 –   Evolution vers une architecture décentralisée.

montre la figure I.2.6, ce sont tous les éléments du réseau qui vont jouer ce rôle. Chaque machine dans ses rôles est identique à une autre, c'est pour cela que l'on appelle ces types de réseaux pair-à-pair pur.

Un grand avantage de ce nouveau type de réseau, est en théorie le total anonymat qu'il procure. En effet, en évitant de communiquer avec une machine centralisant les demandes et les annuaires, on évite les problèmes de récupération des données utilisateurs.

2.3.2 Architectures décentralisées

Les abonnés des réseaux P2P marquent une nette préférence pour les architectures décentralisées illustrées dans la figure I.2.7. Cela s'explique par l'absence d'anonymat dans les dispositifs centralisés et cela fait suite également aux difficultés judiciaires rencontrées par Napster et Scour, principalement. C'est pourquoi, très vite, sont apparues des solutions alternatives. On pense plus particulièrement à Gnutella qui constitue incontestablement le fer de lance des réseaux décentralisés.

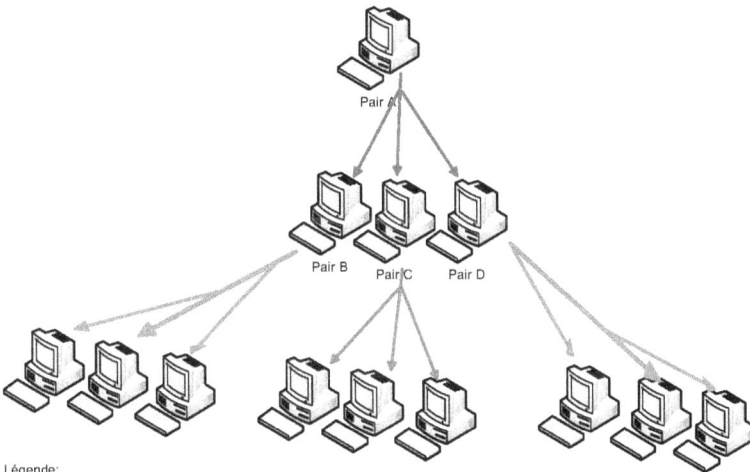

Légende:
- *Le client A se connecte sur le réseau, il ne connaît pas la topologie du réseau (A est totalement aveugle)*
- *Pour connaître les autres membres du réseau, A va « broadcaster □ une demande d'identification des nœuds du réseau.*
- *Les nœuds recevant la demande vont à leur tour la répercuter sur tous les nœuds voisins et ainsi de suite (comme les nœuds B, C et D).*
- *Lorsque la trame est reçu et identifiée par un autre client, le nœud renvoi une trame d'identification à A.*
- *Ainsi A va peu à peu pouvoir identifier tous les nœuds du réseau et se créer un annuaire.*

De cette façon, la taille d'une telle architectures réseau est théoriquement infinie

FIGURE I.2.7 –   Architecture décentralisée.

Quoi qu'il en soit, en vous connectant à de tels réseaux, vous aurez toujours besoin d'un programme mi-client mi-serveur pour établir une connexion sur une ou plusieurs autres machines équipées, comme la vôtre, du même logiciel. Contrairement aux réseaux centralisés, où il suffisait de se connecter au serveur pour avoir accès aux informations, de façon décentralisée :

– Apprendre la topologie du réseau sur lequel le client est connecté ;
– Rechercher l'information sur tous les nœuds ;
– Recevoir une réponse d'un nœud répondant aux critères.

Une fois que votre machine fait partie intégrante du réseau, vous pouvez lancer une recherche à partir d'un ou plusieurs mots-clés, à l'instar de tout bon moteur de recherche que vous connaissez déjà. Mais, on notera toutefois une différence de taille : lorsque vous validez une requête, celle-ci reste toujours active et son traitement ne s'arrête jamais, sauf si vous en établissez une autre. Cela s'explique par ce que l'on appelle l'horizon, c'est-à-dire toutes les machines du réseau auxquelles vous avez accès pour effectuer vos recherches. Dès lors, si de nouveaux ordinateurs apparaissent dans votre horizon, leurs ressources vous seront immédiatement accessibles. Concrètement, la liste des résultats se génère progressivement dans une fenêtre particulière de votre programme et dès qu'un fichier correspond au critère de recherche, il s'affiche dans la liste. Pour télécharger l'information correspondante, il suffit de cliquer dessus.

Le principal inconvénient de cette méthode est les séries de *broadcasts* qui sont diffusées sur le réseau. Cela a pour conséquence de polluer et donc de ralentir les échanges de données entre les machines.

a/ **Modèle hybride : les réseaux Super Nœuds**

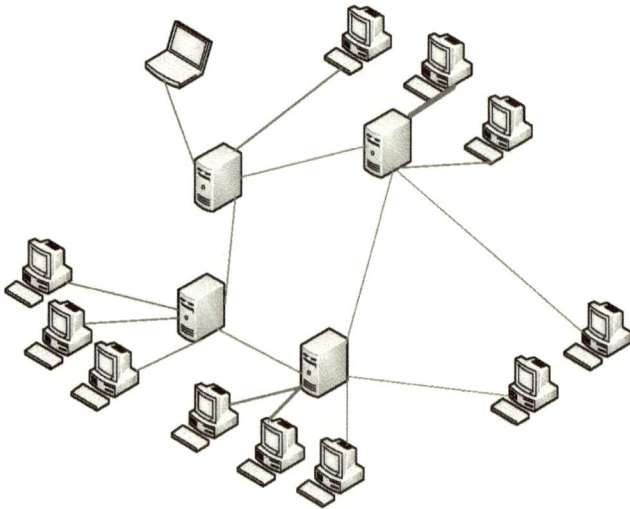

FIGURE I.2.8 –   Architecture hybride.

Le modèle super nœud a pour but d'utiliser les avantages des deux (02) types de réseaux (centralisé et décentralisé). En effet, sa structure permet de diminuer le nombre de connexions sur chaque serveur et ainsi d'éviter les problèmes de bandes passantes. D'autre part, le réseau de serveurs utilise un mécanisme issu des réseaux décentralisés pour tenir à jour un annuaire client et un index des fichiers à partir des informations provenant des autres serveurs. Un serveur peut donc proposer à n'importe quel client toutes les informations contenues sur le réseau (cf. figure I.2.8).

Le réseau n'est plus pollué par les trames de *broadcast*. Mais, la contrepartie est que l'anonymat n'est plus assuré.

2.3.3 Rapide historique

L'engouement autour des systèmes pair-à-pair est venu de deux horizons différents. D'un côté, *Napster*, une entreprise dont le but est de vendre un logiciel permettant de transférer de la musique et de l'autre *Freenet*, un système de partage d'information dont le but est la liberté d'expression.

À l'origine, *Napster* a été crée en 1999 par un étudiant de 19 ans, *Shawn Fanning*. En quelques mois, *Napster* est passé au stade de logiciel connu de tous, imposant au monde une controverse forte sur sa légalité. En effet, il permettait de transférer des musiques facilement. Malgré la controverse qu'il déclencha, il est clair que le battage médiatique autour de ce logiciel démocratisa l'idée de logiciel pair-à-pair.

Du côté du monde académique, en 1999 toujours, Ian Clark écrivait son mémoire : *A distributed decentralized information storage and retrieval system* qui est l'article de base qui permettra de construire le logiciel Freenet. Il s'agit d'un système permettant la diffusion d'informations et ce quels que soient les moyens mis en place pour le contrer. Il fournit entre autres un système d'anonymat, de duplication et de cryptographie. Ce système est l'un des rares systèmes académiques à être implémenté et utilisé à l'heure actuelle.

Ces deux exemples représentent toujours l'actuelle évolution des systèmes pair-à-pair. Nous avons d'un côté des systèmes utilisés, mais dont les fondements sont plus commerciaux que techniques. En effet, il existe peu d'études sur les systèmes tels que *KazaA* ou *eDonkey*. D'un autre côté, la communauté scientifique est de plus en plus *prolixe* de systèmes possédant de bonnes propriétés et largement étudiés. Mais, à l'heure actuelle, ces deux communautés restent le plus souvent distantes.

Il reste un certain nombre de questions, qui n'ont rien à voir avec la technique, à régler avant de pouvoir utiliser les systèmes pair-à-pair de manière efficace et globale. En effet, ces systèmes sont souvent bloqués par les services informatiques du fait des problèmes de copyright associés. De même il est difficile de savoir si les développeurs de ces systèmes partagent une part de responsabilité avec les personnes les utilisant de manière frauduleuse. Dans [84], un représentant de la EFF (*Electronic Frontier Fondation* en anglais) explore cette problématique du point de vue des développeurs. Il conclut en rappelant que si les développeurs n'encouragent pas à utiliser leur logiciel d'une manière frauduleuse, ils ne sont pas légalement responsable de cette utilisation. Il insiste aussi, sur le fait qu'il est nécessaire de ne pas participer à la diffusion illégale de contenu et donc il est préférable de ne pas avoir de machine officielle faisant tourner une partie du système.

Avec le temps, les systèmes pair-à-pair commencent à être plus connus. C'est l'une des raisons pour lesquelles d'autres domaines commencent à s'y intéresser. Par exemple, des recherches[42][35][65] sont menées dans le domaine des bases de données pour intégrer les idées venant du monde pair-à-pair. De même, beaucoup de travaux [26][39][65] tentent d'établir un lien entre le monde des grilles et le monde du pair-à-pair.

Pourtant, il est nécessaire de rappeler que ces systèmes possèdent eux aussi des limites. Ainsi, il reste nécessaire de créer l'information initiale. Dans certains cas, c'est le coût de cette création qui est prépondérant par rapport aux autres approches. C'est pour cela que les sites de cartographie routière suivent toujours le modèle client/serveur par exemple.

a/ Napster/OpenNap

Le système le plus médiatique qui rentre dans la catégorie des systèmes pair-à-pair est sans conteste *Napster*. *Napster* a pour but de permettre l'échange de fichiers musicaux du type MP3. Le protocole utilisé par *Napster* n'a pas été publié, mais a été analysé et il existe un protocole libre, *OpenNap*, qui suit les mêmes spécifications [78]. *OpenNap* est utilisé par plusieurs serveurs qui acceptent la diffusion d'autres types de fichiers. Pour rendre ses fichiers accessibles aux autres utilisateurs, un client doit se connecter à un serveur. Une fois connecté, le client envoie la liste des fichiers qu'il partage. Le serveur met à jour sa base de données. Pour lui, un fichier est indexé par son nom. Pour récupérer un fichier, il faut ensuite procéder en deux étapes. Premièrement, on demande au serveur la liste des clients possédant le fichier, ensuite on choisit un client dans la liste et une communication est établie directement avec lui. Le transfert se fait alors sans faire intervenir le serveur. Celui-ci ne possède que l'index des fichiers possédés par les clients avec lequel il est connecté.

Même si une grande partie du protocole repose sur une architecture client/serveur, il s'agit d'un système pair-à-pair, les clients coopérant et étant actifs. Tous les clients ont la possibilité de diffuser des fichiers. De plus, il est possible de choisir des serveurs spécifiques afin de cibler la diffusion. Il existe par exemple des serveurs indexant uniquement de la musique classique.

Par contre, le serveur ne fait que maintenir un index. Si un des participants se déconnecte, il n'y a plus moyen d'accéder à ses fichiers. Le principe de ce système repose sur la supposition que chaque fichier est partagé par un grand nombre de participants. La recherche d'un objet est directe. Elle s'effectue en nommant directement l'objet recherché. Ainsi, la recherche est indépendante de l'endroit où se trouvent les données.

Remarques : L'intérêt de ce protocole est de permettre une recherche exhaustive. Si l'on fait une requête et que l'un des clients possède le fichier recherché, la requête aboutira. Par contre, la centralisation de l'index pose certains problèmes. Tout d'abord, il est possible pour la société contrôlant le serveur de filtrer les recherches effectuées. Ainsi, la société *Napster* ne permettait pas de partager que les fichiers MP3. Dans une optique plus générale lorsque le partage se fait en utilisant un serveur *OpenNap* (qui permet de partager tout type de fichiers), il est possible de censurer des recherches.

D'un point de vue architectural, il s'agit toujours d'une répartition client/serveur. Ce type de structure impose de très fortes contraintes sur le serveur. Il doit être capable de supporter un grand nombre de connexions et d'effectuer beaucoup de recherches. Cela suppose une grande puissance ainsi que la disponibilité d'un grand nombre de ressources, autant réseau que mémoire. De plus, il n'existe aucune tolérance aux pannes rencontrées par le serveur.

b/ Gnutella

Dans Gnutella[2] v0.4, chaque poste agissant soit comme un serveur soit comme un client est nommé *servent* (contraction de serveur et client). Chaque serveur est connecté par un ensemble de voisins. Pour lancer une recherche, un serveur interroge tous ses voisins en leur envoyant un message de recherche. Ses voisins font de même avec leurs propres voisins. Un champ *TTL* (*Time To Live* en anglais) est associé au message de recherche pour comptabiliser le nombre de retransmissions restantes.

Quand celle-ci est nulle, le message n'est plus renvoyé. Cette méthode de propagation est appelé inondation (*flooding*). Les serveurs ayant des fichiers qui répondent à la requête renvoient leur réponse (nom du fichier + leur adresse IP) au voisin qui leur a retransmis la requête. La réponse remonte ainsi de proche en proche jusqu'au serveur qui a initié la requête. Le serveur initiateur de la requête va ensuite choisir les fichiers à télécharger en envoyant directement une requête de téléchargement au serveur qui possède le fichier. Cependant, cette inondation est coûteuse en bande passante et les recherches sont plus lentes que dans les réseaux centralisés (*Napster*).

La gestion des *ultrapeer* (ou *super-peer*) proposé en 2001 est incluse dans la version 0.6 du protocole *Gnutella*. Les serveurs sont divisés en deux catégories : les *ultrapeers* (ou super-peer) qui sont des serveurs stables ayant une bonne connectivité et les clients (ou nœuds feuilles). Les feuilles (*leaf* en anglais) sont rattachées à trois (03) *ultrapeers* et les *ultrapeers* admettent de 30 à 45 clients et 30 *ultrapeers*. Les ultrapeers indexent le contenu des clients auxquels ils sont rattachés et répondent aux requêtes de recherche en incluant les documents de leurs clients.

Les requêtes de recherches reçues par les *ultrapeers* ne sont retransmises qu'aux autres *ultrapeers*. Ainsi, un client interrogeant un *ultrapeer* peut rechercher sur 30 autres clients avec une seule requête. Si la requête est retransmise aux 30 autres *ultrapeers* auquel il est connecté, sa recherche atteint le contenu de 900 clients... Autres points non négligeables, si les clients ne reçoivent plus de requêtes de recherche, on dit qu'ils sont protégés (*shielded* en anglais) par leur *ultrapeer*. Cela permet en outre aux utilisateurs connectés à Internet en bas débit de pouvoir utiliser *Gnutella* sans diminuer leurs performances.

GUESS (*Gnutella UDP Extension for Scalable Searches* en anglais) permet aux feuilles de contrôler le nombre d'*ultrapeers* interrogés et donc de réduire la bande passante utilisée.

Pour satisfaire une recherche sur des mots populaires, il y a besoin d'interroger peu d'*ultrapeers* pour obtenir un nombre de résultats satisfaisants. Au contraire, une recherche sur des ressources rares demande d'interroger un nombre important d'*ultrapeers*.

Avec le mécanisme par inondation, il est impossible de contrôler efficacement le nombre d'*ultrapeers* interrogés. La solution proposée par *GUESS* est de laisser à l'initiateur de la recherche le soin d'interroger successivement un ensemble d'*ultrapeers* jusqu'à ce qu'il obtienne un nombre de résultats satisfaisants.

GWebcache est un script installé sur un serveur web permettant à un client Gnutella de récupérer une liste de nœud Gnutella auxquelles se connecter. Typiquement, lors de la première connexion au réseau Gnutella, les serveurs ne connaissent pas d'autres serveurs auxquels se connecter. Ce problème est connu sous le nom de **bootstrap**.

Les **GWebCaches** sont accessibles via une URL et utilisent le protocole HTTP. Le protocole **GWebcache** spécifie deux types de requêtes : les requêtes **GET** pour récupérer une liste d'adresses IP de nœuds Gnutella et d'URLs pointant sur d'autres serveurs **GWebCache**. Et les requêtes **UPDATE** permettant à un serveur d'informer le **GWebCache** qu'un *ultrapeer* ou un serveur **GWebCache** est présent dans le réseau.

Le serveur maintient une liste limitée d'adresses IP des *ultrapeers* et d'URLs de **GWebCache** et ne garde que les dernières reçues. Cela permet de garantir que les adresses des *ultrapeers* et des **GWebCaches** retournés à un client soient toujours fraîches et donc ont de grandes chances d'être encore accessibles.

c/ Le réseau FastTrack (KazaA)

Présentation

Le protocole réseau *FastTrack*, dont les clients les plus connus du grand public sont *KazaA, Morpheus, Grokster* est un protocole propriétaire appartenant à la société américaine *Sherman Networks*.

Ce protocole se base sur une architecture hybride (décentralisée, centralisée) présentée précédemment (cf. figure I.2.9). Ce protocole permet comme les protocoles *Gnutella, Emule ...* de

CHAP. 2: PROTOCOLES PAIR-À-PAIR

partager des fichiers multimédias (musique, films ...). Il est aujourd'hui principalement utilisé pour le téléchargement de MP3. Ce protocole a déjà fait ses preuves avec une moyenne d'un million et demi d'utilisateurs connectés.

Architecture

L'architecture de *FastTrack* suit un système 2-tiers dans lequel la première rangée se compose des raccordements rapides au réseau (Câble/DSL et plus rapide) et la deuxième rangée se compose des raccordements plus lents (modem 56K et plus lent).

Des clients sur la première rangée sont connus en tant que *SuperNodes* et les clients sur la deuxième rangée sont connus comme étant des nœuds standard. Lors du raccordement au réseau ce qui se produit est que le client décide si le nœud convient pour devenir un *SuperNode* ou pas en fonction des paramètres de la connexion.

Dans le cas d'un *SuperNode*, le client est alors relié à d'autres *SuperNodes* et commence à prendre des raccordements avec d'autres nœuds ordinaires.

Dans le cas d'un nœud, le client va trouver un *SuperNode* auquel se relier. Ceci produit une topologie à deux niveaux dans laquelle les nœuds au centre du réseau sont plus rapides et produisent donc une épine dorsale plus fiable et plus stable. Ceci permet à plus de messages d'être conduits et permet donc une plus grande scalabilité.

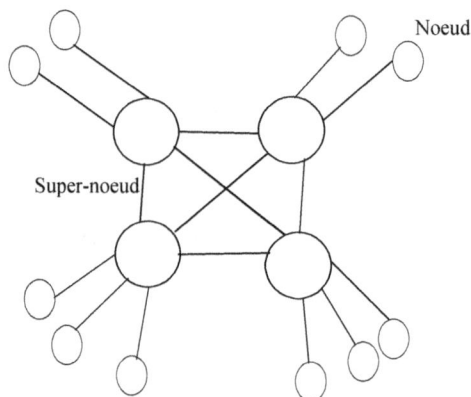

FIGURE I.2.9 –   Architecture hybride de KazaA.

Cheminement des requêtes

Le cheminement sur *FastTrack* est accompli par des annonces entre chaque *SuperNodes*.

Par exemple, quand un nœud publie une demande de recherche au *SuperNode* auquel il est relié, celui-ci publie cette demande à tous les *SuperNodes* auxquels il est actuellement relié. La recherche continue de cette façon jusqu'à ce que le *TTL* de la requête ait atteint zéro.

Il faut savoir que chaque *SuperNode* contient un index de tous les dossiers de ses nœuds reliés, ainsi lorsqu'une requête arrive à un *SuperNode*, il sait s'il doit la rediriger vers un des nœuds reliés. Chaque fois qu'un nouveau nœud se connecte à un *SuperNode*, il lui fournit la liste de ses fichiers partagés.

Malheureusement, puisque les recherches produisent des requêtes en mode *Broadcast*, ceci génère beaucoup de trafic entre les *SuperNodes*. Cependant, puisque le *SuperNodes* a la garantie d'être raisonnablement rapide, ceci ne pose pas un aussi gros problème que sur le réseau Gnutella. Le cheminement des requêtes est le même que sur le réseau Gnutella. En effet, tant que le *TTL* de la requête n'a pas atteint 0, chaque nœud redirige la requête vers les autres nœuds auxquels il est relié. Le problème de *Gnutella*, dans ce type de système, est que les réponses aux requêtes passent par les mêmes nœuds qu'à l'aller. Ainsi, il n'est pas garanti de recevoir l'intégralité des résultats, car si un des nœuds de la chaîne se déconnecte, les résultats de cette partie ne peuvent arriver.

Ce problème se produit moins sur *FastTrack*, en effet, les SuperNodes étant censés être des nœuds rapides, le chemin est normalement plus fiable et plus stable. Lors de la recherche, les fichiers sont identifiés à la fois par leur nom, mais surtout par leur code de hachage (hachage *SHA-1*). En effet, il est possible d'avoir deux (02) fichiers identiques, mais avec deux (02) noms différents (ex : fichierA.txt et *fichier_A.txt*). Dans ce cas le code de hachage sera identique.

Description du protocole

FastTrack étant un protocole propriétaire de la société *Sharman Network*, il n'existe pas de description publique du protocole. La description présentée correspond à un protocole récupéré par un procédé de *Reverse Engineering*. Il se peut donc qu'il ne s'agisse pas de la dernière version du protocole. Le protocole prévoit l'utilisation de paquet TCP et UDP pour les échanges.

d/ Freenet : Protection anonyme

Qu'est-ce que FREENET ?

Freenet est un réseau P2P (*Peer-to-Peer* en anglais) fonctionnant au-dessus d'Internet. Contrairement aux réseaux P2P habituels, *Freenet* assure l'anonymat des échanges et assure une répartition intelligente des données sur le réseau. Bien qu'il soit encore en plein développement, il permet déjà aujourd'hui de consulter des sites Web sur divers sujets, de dialoguer dans des forums et d'échanger des fichiers, le tout de façon anonyme.

Open source, la définition de son protocole est basé sur les idées de *Ian Clarke* alors étudiant à l'*Université d'Edinburgh en Écosse*. Le projet a été initialisé par *Clarke* en juillet 1999 et il continue actuellement à coordonner le projet.

Freenet a beaucoup fait parler de lui en 2000, mais son excessive lenteur et de nombreux problèmes techniques ont déçu et détourné de nombreux utilisateurs potentiels à cette époque. Ce qui a contribué à faire de *Freenet* un réseau réservé à une élite d'utilisateurs.

Aujourd'hui, *Freenet* a largement évolué et son utilisation a été facilitée. Même s'il reste encore peu rapide et moins simple d'utilisation que les autres logiciels P2P, *Freenet* continue à être amélioré chaque jour par une équipe de développeurs motivée. Le réseau offre déjà aujourd'hui une alternative pour faire face au filtrage mis en place par les fournisseurs d'accès sous la pression des Majors.

Freenet n'a pas pour vocation immédiate de remplacer *Emule ou KazaA* par exemple. Son but principal est avant tout de fournir un moyen vraiment fiable d'échanger des informations, sans que personne ne puisse s'y opposer. Il est évidemment possible d'échanger des fichiers musicaux ou des films via *Freenet*, mais son but premier est surtout d'offrir une liberté d'expression plutôt textuelle, éventuellement illustrée, comme sur un site Web classique, avec de petits fichiers tels que des documents PDF dont la publication pourrait faire l'objet de censure ou de plaintes dans la vie réelle ou sur le Web.

Freenet implémente des stratégies visant à protéger l'intégrité des données, à empêcher la divulgation des activités des utilisateurs et enfin à fournir une disponibilité redondante des données. Le système est également conçu afin de s'adapter aux habitudes d'utilisation des participants, répliquant et supprimant automatiquement des fichiers en fonction de la demande, afin de faire le meilleur usage possible du stockage disponible.

Pour résumer, *Freenet* a pour vocation d'être un vecteur d'informations fiables, efficace et anonyme.

Principes de fonctionnement de FREENET

Principes généraux
Chaque participant de *Freenet*[1] fait fonctionner un nœud qui fournit au réseau un peu d'espace disque. Pour ajouter un nouveau fichier, l'utilisateur envoie au réseau un message d'insertion contenant le fichier et un identifiant global unique (clé *GUID*) généré indépendamment de son emplacement géographique. Le fichier est ensuite stocké sur plusieurs nœuds. Pendant sa durée de vie, un fichier peut migrer d'un nœud à un autre ou être répliqué sur plusieurs nœuds. Afin de récupérer un fichier, l'utilisateur envoie une requête contenant la clé *GUID*. Lorsque la requête atteint un des nœuds sur lequel le fichier est stocké, ce nœud renvoie les données au demandeur (cf. figure I.2.10).

Freenet est particulièrement novateur car :
- Il ne repose sur aucune forme d'administration ou de contrôle centralisée ;
- Il est virtuellement impossible de retirer par la force un document de *Freenet* ;
- Aussi bien les auteurs que les lecteurs des informations stockées sur ce système peuvent rester anonymes s'ils le désirent ;
- Tout le monde peut publier des informations : il est inutile d'acheter un nom de domaine, ni même de posséder une connexion internet permanente ;
- La disponibilité de l'information augmente en proportion de la demande ;
- Une information peut se déplacer d'une partie d'Internet où elle est faiblement consultée pour un autre lieu où la demande est plus grande.

Freenet permet donc de protéger l'intégrité des données, d'empêcher la divulgation des activités des utilisateurs et de fournir une disponibilité redondante des données. Il est également conçu afin de s'adapter aux habitudes d'utilisation des participants, répliquant et supprimant automatiquement des fichiers en fonction de la demande. Il fait donc un usage optimisé de l'espace de stockage disponible.

Principe de clé
Les clés *GUID* de *Freenet* sont calculées en utilisant le hachage sécurisé SHA-1 (*Secure Hash Algorithm* - codage sur 160 bits).

Le réseau emploie deux principaux types de clés : les clés de hachage des contenus (CHK), utilisées pour le stockage primaire des données et les clés signées de sous-espaces (SSK), destinées à l'utilisation humaine à plus haut niveau. Les deux types sont analogues pour les nœuds et les noms de fichiers dans un système de fichiers conventionnel.

Les clés de hachage des contenus (Content-Hash Keys ou CHK) :
la *CHK* est une clé de bas niveau pour le stockage des données, elle est générée en analysant le contenu du fichier devant être stockée. Le processus attribue à chaque fichier un identifiant unique absolu (les collisions SHA-1 sont considérées comme étant presque impossibles) qui peut être vérifié rapidement. À la différence des URL une référence CHK pointera exactement sur le fichier attendu. Les clés *CHK* permettent également à des copies identiques d'un fichier insérées par différentes personnes d'être automatiquement fusionnées, car chaque utilisateur calculera la

même clé pour un même fichier.

Exemple de clé :

CHK@BSI9FMrG7YpKrZXX3jm–nF6mesLAwI, 7aKDjQmNNqbwIP9ah l0fg

Pour des raisons de confort d'utilisation, les clés *SSK* sont le plus souvent utilisées.

Les clés sont obtenues à l'aide de la commande suivante :

java -cp <freenet directory>/freenet.jar freenet.client.cli.Main

computechk <file>

Les clés signées de sous-espaces (Signed-Subspace Keys ou SSK) :

La clé *SSK* met en place un espace nommé que tout le monde peut lire, mais que seul son auteur peut modifier.

Déroulement du calcul d'une clé *SSK*

Voici les étapes consistant à calculer une clé *SSK* :

i). Créer un sous-espace pour y placer un document en générant au hasard une paire de clés publique/privée pour l'identifier ;

ii). Rédiger une courte description de ce document (cinq (05) ou six (06) mots environ) ;

iii). Hacher la moitié publique de la clé du sous-espace ;

iv). Hacher le descriptif du sous-espace ;

v). Combiner et hacher l'ensemble pour obtenir la clé *SSK*.

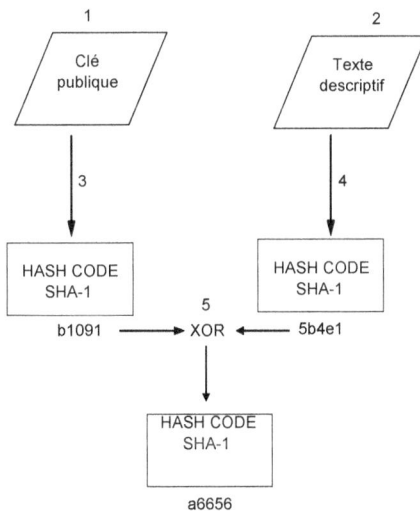

FIGURE I.2.10 –   Freenet : Calcul de clé SSK

Il est ensuite possible de vérifier l'intégrité du fichier en le signant avec la moitié privée de la clé, car chaque nœud qui manipule un fichier d'un sous-espace signé vérifie sa signature avant de l'accepter.

Seule une personne possédant la clé privée pourra modifier le contenu de cet espace de stockage. La clé publique permet quant à elle d'accéder au contenu.

Les clés *SSK* sont typiquement utilisées pour stocker des fichiers indirects qui ne contiennent que des pointeurs vers des *CHK*, au lieu de contenir directement des données. Elles permettent aux données d'être mises à jour tout en préservant l'intégrité référentielle. Tel qu'il est prévu dans le protocole (la fonction n'étant pas encore implémentée), pour effectuer une mise à jour, le propriétaire des données insère d'abord une nouvelle version des données qui généreront une nouvelle clé de hachage de contenu (*CHK*) puisque les données du fichier ont été modifiées. Le propriétaire met ensuite à jour la *SSK* afin de pointer sur la nouvelle version de son fichier. Ce dernier sera accessible par la SSK et son ancienne version restera accessible par l'ancienne *CHK*. Dans ce cas, il est nécessaire de garder une trace de l'ancienne *CHK*, sinon il n'y aura plus de moyen de retrouver l'ancienne version du fichier. Les anciennes versions du fichier finiront par disparaître du réseau en raison d'une demande de plus en plus faible au cours du temps.

Le routage :

Le routage des requêtes constitue l'élément le plus important de Freenet. Il se différencie des autres protocoles de pair-à-pair qui maintiennent un index centralisé des fichiers afin que les utilisateurs puissent envoyer leurs requêtes directement aux possesseurs des données ; ou qui consistent à envoyer des requêtes en *broadcast*.

En effet, il utilise un système de recherche ascensionnelle. Chaque nœud transfère les requêtes vers le nœud qu'il suppose être le plus proche du destinataire.

Pour cela, chaque nœud détient une table de routage. À chaque requête fructueuse qu'un nœud retransmet, il stocke la donnée contenue dans le message dans son cache local avant de faire suivre le message. Il ajoute également une nouvelle entrée dans sa table associant la source de la donnée et la clé de la requête. En général, un nœud stocke des fichiers ayant des clés assez proches.

Récupération de données :

chaque nœud maintient donc une table de routage contenant la liste des adresses des autres nœuds et des clés *GUID* qu'il pense qu'ils possèdent.

Lorsqu'un nœud reçoit une requête (*Data request* en anglais), il vérifie d'abord dans son espace disque local et, s'il trouve le fichier, il le renvoie avec **tag** indiquant qu'il est l'hébergeur des données. Sinon le nœud transfère la requête au nœud dans sa table dont la clé est la plus proche de celle demandée. Cet autre nœud vérifie alors dans son espace disque local et ainsi de suite. Si la requête aboutit, chaque nœud de la chaîne transfère le fichier en retour et créer une nouvelle entrée dans sa table de routage en associant l'hébergeur des données avec le *GUID* demandé. En fonction de sa distance avec l'hébergeur, chaque nœud peut également conserver une copie locale des données transférées. Il peut donc y avoir duplication de l'information à plusieurs niveaux sur le réseau.

Afin de protéger l'identité de l'hébergeur des données, les nœuds altèrent occasionnellement les messages de réponses en se déclarant eux-mêmes hébergeurs dans le *tag* correspondant, avant de passer les messages au reste de la chaîne. Les requêtes suivantes pourront tout de même continuer à localiser les données, puisque le nœud qui a altéré le message a retenu la vraie identité de l'hébergeur des données dans sa propre table de routage. Il transférera alors la requête vers le bon hébergeur. Les tables de routage ne sont jamais révélées aux autres nœuds.

Afin de limiter l'utilisation des ressources, le demandeur donne à chaque requête, une durée de vie (*Time To Live* en anglais) qui est décrémentée à chaque nœud. Si le *TTL* expire, la requête échoue. L'utilisateur pourra cependant réessayer avec un *TTL* plus élevé, jusqu'à un certain maximum. L'ensemble des nœuds parcourus forme une chaîne.

Si un nœud envoie une requête à un destinataire qui est déjà dans la chaîne, ce dernier répondra avec un message d'erreur (*Request failed* en anglais) le nœud essaiera alors d'utiliser un autre nœud avec la clé la plus proche. Si un nœud n'a plus de candidats à essayer, il renvoie l'erreur à son prédécesseur dans la chaîne, qui essaiera alors un second choix et ainsi de suite. Une fois le fichier trouvé, le nœud possesseur répondra avec une requête de succès (*Data reply* en anglais)(cf. figure I.2.11).

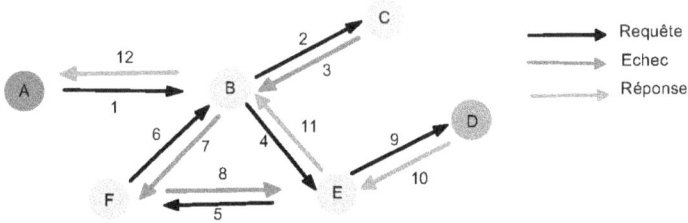

FIGURE I.2.11 –   Freenet : Récupération de données

Sur la figure I.2.11, A est à l'origine de la demande. Son plus proche **voisin** est le nœud B, il lui transfère donc sa requête qu'il transfère à son tour vers C. C ne possédant pas le fichier et ses voisins non plus, le *TTL* arrive à expiration. Il envoie donc un message *Request failed* à B. Le nœud B essaie alors de transmettre la requête vers F qui le retransmet vers B. Ce dernier détecte une boucle et envoie un message d'erreur qui sera propagé jusqu'à E. Le nœud E transmet alors la requête à D qui détient le fichier. Il répond donc avec un message *Data reply*. Sur le chemin, les nœuds E, B et A vont stocker le fichier.

Pour des requêtes sur des clés similaires, A transférera directement la requête vers B qui la transféra directement à E et à son tour la transmettra à D. Les nœuds qui répondent de façon fiable aux requêtes seront ajoutés à d'avantages de tables de routages et seront donc contactés plus souvent que les nœuds qui ne l'ont pas fait.

Grâce à ce mécanisme, les nœuds vont se spécialiser dans la localisation de clés similaires puisqu'un nœud présent dans une table de routage avec une clé particulière recevra les requêtes pour des clés similaires.

L'insertion des données :
pour insérer un fichier, un utilisateur lui attribue une clé GUID et envoie un message d'insertion (*DataInsert* en anglais) à son propre nœud, contenant la clé et une valeur de *TTL*. Ensuite ce message est envoyé aux **voisins** de l'utilisateur. En recevant une insertion, un nœud vérifie dans son espace disque local pour voir si la clé existe déjà. Si c'est le cas, l'insertion échoue, soit parce que le fichier est déjà sur le réseau, soit parce que l'utilisateur a déjà inséré un autre fichier avec la même description. Dans ce dernier cas, l'utilisateur devra réaliser une mise à jour de son fichier. Toutefois, les mises à jour ne sont toujours pas implémentées. Les développeurs travaillent actuellement sur un mécanisme assurant que toutes les copies soient remplacées.

Si un nœud reçoit un message *DataInsert* et qu'il ne dispose pas localement d'un fichier identifié par la clé contenue dans ce message, il va chercher dans sa table de routage la clé la plus proche et fera suivre le message au nœud correspondant. Si aucune collision n'a été rencontrée lorsque le *TTL* du message atteint la valeur nulle, un résultat confirmant l'insertion de la donnée sera alors envoyé en direction du nœud à l'origine de l'insertion.

La donnée nouvellement insérée sera enfin propagée le long du chemin établi par la requête d'insertion. Grâce au mécanisme de routage, elle sera stockée sur un nœud possédant des clés similaires, ce qui renforce le mécanisme de regroupement de clés.

Cryptage des données

Pour plusieurs raisons, les développeurs de Freenet ont décidé de faire circuler des données cryptées. Ainsi, les possesseurs de nœuds ne peuvent pas avoir accès aux données présentes sur leur nœud.

Le réseau proprement dit ne sait rien de ce niveau de cryptage, il ne fait que transférer des données déjà cryptées lors de leur insertion.

2.4 Architectures strictement structurées

À la différence des réseaux pair-à-pair grand public, qui s'appuie essentiellement sur un type de communication non structuré, nous distinguons les réseaux pair-à-pair du type seconde génération qui sont basés sur les tables de hachage distribuées. Ainsi, plusieurs réseaux pair-à-pair sont basés sur ce concept au nombre desquelles CAN (*Scalable Content Addressable Network* en anglais), Chord[80], Tapestry[89], Pastry[75], Kademlia[61], P-Grid[4], Skipnet[38], Viceroy[56], Skype[8], etc..

2.4.1 Tables de hachage distribuées(DHT)

Dans cette section, nous discuterons davantage de la structure intéressante des DHTs. Après la présentation de la généralité sur les DHTs, nous présenterons le concept de base qui sous-tend cette structure. Une organisation de la DHT est présenté par la suite. Cette partie sera consacrée à l'étude des principales métriques de DHTs, les propriétés caractérisant les DHTs et donnant des exemples de réseaux pair-à-pair utilisant cette structure.

a/ Généralités sur les DHTs

Les DHTs représentent des sujets populaires pour la recherche et l'investigation. Jusqu'aujourdh'ui, elles peuvent être considérées à la fois comme un ancien et un récent thème qui intéresse le plan académique et suscite un intérêt industriel. Tel que mentionné dans [57], la communauté *SDDS* (*Scalable Distributed Data Structures* en anglais) étudie intensivement cette structure. Un des travaux préliminaires dans ce domaine a été élaboré par *Litwin, Niemat* et *Shneider*, qui présente les tables de hachage avec des composants centraux qui désignent des *clusters* de petites tailles. Le domaine de recherche a été récemment étendu pour couvrir une haute performance sur un grand nombre de *clusters*. Les DHTs étaient aussi introduites comme des structures possibles pour implémenter les réseaux pair-à-pair avec des millions de participantes dynamiques.

b/ Concepts de base des DHTs

La compréhension des DHTs passe par le concept de table de hachage. De façon basique, une table de hachage qui stocke un ensemble de données. Chaque donnée est mappée en une valeur hachée h(V) et stockée alors en slot h(V) dans un tableau. La fonction de hachage est une fonction :

h : U → {0, 1, ..., m-1}.

Ceci permet de mapper chaque donnée possible dans U en une position dans la table de hachage. Le paramètre m étant la taille de la table de hachage. Cette technique ne peut être appliquée directement aux données stockées dans le pair. tel qu'expliqué dans [84], cela n'est pas faisable parce que le nombre de pairs actifs change constamment et conduit à la nécessité d'ajuster continuellement la table d'indexation. De plus, ceci pourrait engendrer de nouvelles allocations de données aux pairs avec chaque départ, arrivé ou échec de pair qui est inefficace. Ces difficultés et performances contraignent à l'utilisation directe des tables de hachage dans les réseaux pair-à-pair qui deviennent progressivement une méthode standard dans ces derniers. Ces structures sont basées sur les concepts suivants :

i). Le mappage de données en clés : la valeur de la donnée V est mappé en clé K en la fonction de hachage suivante :
h(V)=K.
La fonction de hachage a un ensemble de propriétés. Premièrement la fonction de hachage devrait être facile à calculer dans le but d'assurer une haute efficacité dans le traitement du mappage. En plus de cette exigence, la fonction de hachage doit être à sens unique par exemple qu'il doit être difficile voire impossible de l'inverser. Ces objectifs de propriétés de fonction de hachage sont difficiles à satisfaire simultanément vu qu'ils peuvent être contradictoires. En effet, l'obtention d'une fonction non inversible suppose une complexité de calcul très grand ;

ii). Le partitionnement dynamique de la clé parmi un ensemble de pairs : l'intervalle des clés est divisé en différentes parties et chaque partie est associée à un pair actif dans le réseau. Ce partitionnement est dynamique et peut-être efficacement ajusté par chaque changement dans l'ensemble des participants :
dans le cas d'un nœud qui joint nouvellement le réseau, chaque pair voisin actif est contacté et la moitié de ses sous-clés est donné au nouveau pair. La structure de routage doit être mise à jour. Le voisinage du pair est informé en cas d'arrivée de nouveau pair et les informations de routage sont adéquatement mise à jour. Si un pair quitte le réseau, le sous-ensemble de clés est alloué à ses voisins et les données stockées dans un nouveau pair responsable. L'ensemble des clés partitionnées peut être adapté aux pairs ayant échoué. En fait le sous-ensemble de clés correspondantes est alloué à d'autres pairs, mais les données stockées ne peuvent être retrouvées. Jusqu'à ce que la mise à jour du partionnement soit faite, le fonctionnement du réseau peut continuer par l'utilisation du chemin de routage et des pairs ;

iii). Stockage des données : lorsqu'une clé K est calculée, les données peuvent être stockées dans une localisation associée à la clé obtenue. Il y a deux façons de stocker les données. On peut le faire directement quand la valeur des données est stockée directement par le pair responsable de leurs clés associées. Une autre alternative est de stocker des pointeurs là où les valeurs des données sont véritablement stockées ;

iv). La recherche de données : chaque pair dans le réseau peut retrouver chaque donnée stockée. Le pair émetteur contacte aléatoirement un pair actif. Si les données sont stockées à une clé dans le sous-ensemble associé au pair contacté, on n'a pas besoin de router la requête à travers la structure du réseau. Par ailleurs, la requête est distribuée jusqu'à l'atteinte du nœud qui possède la ressource. Plusieurs algorithmes ont été developpés dans ce contexte. Basés sur les caractéristiques du réseau, certains algorithmes de routage peuvent être adaptés.

c/ Les catégories de DHTs

Basés sur le mode de routage dans le réseau, les DHTs peuvent être classifiées en deux catégories :

i). Les DHTs déterministes : ce type de DHT est caractérisé par deux états d'incertitude dans [57], qui est la taille du réseau et le sous-ensemble de clés du nœud. En fait la taille du réseau n'est pas connue avec exactitude par tous les participants et la correspondance des clés aux nœuds n'est pas exactement le même, lequel s'ajoute de façon incertaine à la structure. Dans ce type de réseau la connexion au niveau *overlay* est une fonction déterministe de l'ensemble des identifiants (IDs) de nœuds courants. Les premières DHTs proposées sont : Chord, Pastry, Tapestry, CAN que nous présenterons dans la suite ;

ii). Les DHTs aléatoires : la principale caractéristique des DHTs de cette catégorie est la grande variété de topologie possible. À la différence des DHTs déterministes, où la topologie réseau est déterminée par l'ensemble des IDs seul, la topologie de la DHT aléatoire est choisie parmi cet ensemble de structures à exécuter en fonction du choix aléatoire fait par tous les participants. Viceroy a été le premier protocole aléatoire pour le routage DHT [57]. L'augmentation de ces aléas a un effet positif sur la robustesse du système et augmente la flexibilité du processus de routage. Cependant, il augmente la complexité du réseau.

d/ La mesure des métriques de la DHT

Tel que présenté dans [64], il y a plusieurs paramètres, pour lesquels une DHT est mesurée. Une de ces métriques est le coût de connexion et de déconnexion. Chaque changement dans l'ensemble des participants devrait causer le minimum de perturbation du service et être accommodé facilement par le système. Quand un nœud joint ou quitte la DHT, seul un petit nombre de nœuds devrait changer leur état. Un autre facteur qui peut être pris en compte par les mesures d'une DHT, est la congestion. En effet, la performance du service ne devrait pas avoir un goulot d'étranglement. Le coût de la recherche devrait être réparti entre les serveurs participants. Parmi les paramètres cités dans [64], les sauts de recherche et le stockage dynamique constitue le problème du goulot d'étranglement causé par la haute popularité des données qui sont mentionnées. En fait, le chemin de la requête de transmission devrait impliquer aussi peu de machine que possible. De plus, la tolérance aux fautes des échecs serveurs et des connexions constitue une autre métrique mesurée au niveau DHT.

e/ Les propriétés des DHTs

Les tables de hachage distribuées ont fait l'objet d'un grand nombre d'attentions du fait de leurs propriétés attractives, qui peuvent être résumées comme suit [6] :

- L'auto-Organisation : dans les réseaux *overlay*, l'organisation et la maintenance d'un système sont distribuées entre les nœuds. On n'a pas besoin d'un serveur central pour gérer le stockage et la distribution des données. Ainsi, le problème lié à l'échec d'un nœud est supprimé et la tolérance aux fautes augmente.

- Le passage à l'échelle : du fait de leur structure décentralisée, les DHTs passent à l'échelle. Elles peuvent être facilement étendue pour gérer un grand nombre de nœuds.

- La robustesse : le départ, l'arrivée ou l'échec de pairs cause un minimum de perturbation dans le système et affecte seulement une partie de l'ensemble du réseau. Ce fait résulte de la robustesse du réseau *overlay*. Cette propriété fait référence à la **consistance** du réseau.

2.4.2 Architectures pair-à-pair basées sur des DHTs et des graphes de routage

Il y a plusieurs réseaux pair-à-pair basé sur le concept de tables de hachage distribuées :
CAN, Chord, Tapestry, Pastry, Kademelia, P-Grid, etc..

a/ Le protocole CAN

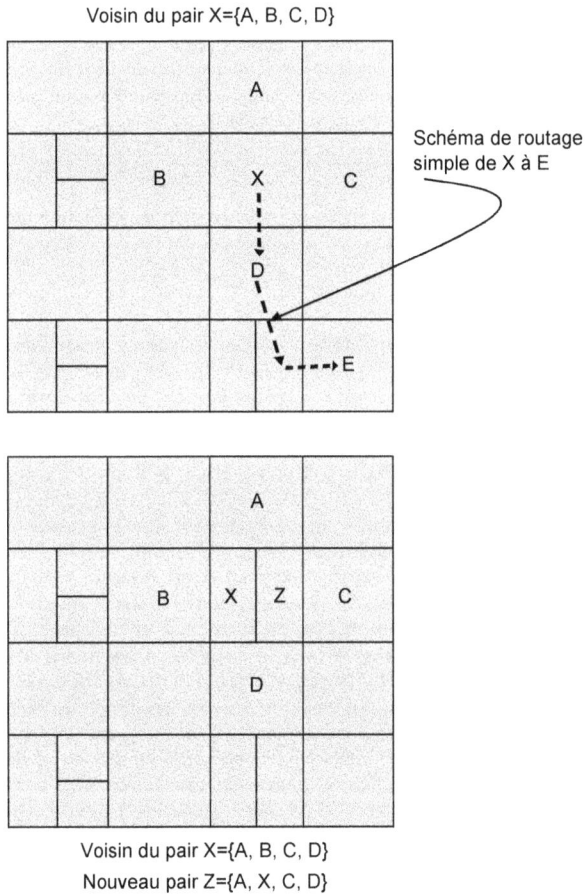

FIGURE I.2.12 –   Architecture CAN.

Dans cette section, nous présentons premièrement le contexte historique du protocole CAN
dans le but de bien comprendre le lien entre CAN et l'évolution des réseaux pair-à-pair. Ensuite,

nous discutons de la conception de CAN et introduisons plusieurs de ses améliorations.

b/ Le contexte historique de CAN

L'idée du réseau pair-à-pair a été crée en 1999 par la révélation d'un logiciel client par *Shawn Napster*[59]. En effet, Napster était le premier réseau considéré comme pair-à-pair. En 2000, Justin Frankel et Tom Pepper présentent le réseau Gnutella. Tous ses deux réseaux ne passaient pas à l'échelle et le but de la recherche était de développer un réseau qui supporte un réseau de la taille de l'Internet. Dans ce contexte, Sylvia Ratnasamy, paul Francis, Mark Handley, Richard Karp et Scott Shenker introduisent en 2000 le réseau CAN dans [71]. CAN n'était pas seulement considéré comme un système pair-à-pair, mais il pouvait aussi être utilisé comme un système à grande quantité de stockage, la construction d'un grand espace de service de résolution de nom et des autres applications [71].

c/ La conception de CAN

Nous investiguons les caractéristiques qui sous-tendent la conception de CAN. Ici nous présentons la première conception du CAN basique et discutons des différentes améliorations possibles (cf. figure I.2.12).

Conception du CAN basic

CAN est construit sur une structure de tables de hachage distribuées. Sa conception est basée sur des coordonnées virtuelles d'un espace Cartésien de dimension **d**. Les dimensions des coordonnées de l'espace Cartésien sont un paramètre qui peut être utilisé pour améliorer la conception comme indiqué par la suite. Pour un CAN à deux dimensions, une surface carrée $Q=[0, 1) \times [0, 1)$ est partitionnée en rectangles et en carrés. Chacun d'eux est alloué à un pair donnée, qui est responsable du stockage et de la gestion de toutes les données correspondant à son rectangle.

Pour permettre à CAN de croître incrémentalement [71], à un nouveau nœud joignant le réseau doit être alloué sa propre zone dans l'espace de coordonnées. Pour démarrer le processus de jointure au réseau, le nouveau nœud doit trouver et contacter un nœud actif dans CAN, qui partitionne la zone qui lui est allouée avec le nouveau nœud, en gardant une partie et en cédant l'autre. Les clés et données de l'espace partitionné nouvellement et alloué doivent être transférées au nœud joignant le réseau. Dans la phase finale, les voisins de la zone partitionnée doivent être notifiés avec une mis à jour dans l'espace de coordonnées, de sorte que le routage des informations de chaque nœud soit conforme au mappage actuel des données en pairs.

Une question intéressante dans la conception de CAN est la distribution de données entre les participants du réseau. Comme cité dans[59], l'équilibrage des charges est peu probable : Considérons un pair p dans CAN avec R(p) son rectangle associé. Soit A(p) le domaine du rectangle R(p). Le lemme donne une grande probabilité que le rectangle R(p) ne soit pas partitionné après avoir joint **n** pairs au réseau, $P_{R,n}$:

Lemme 1 :

$$P_{R,n} \leq e^{-nA(p)}$$

preuve :

Soit q= A(p). Nous pouvons exprimer la probabilité que R(p) ne soit pas partitionné après l'insertion d'un nouveau pair comme suit :

$$P_R = 1 - q$$

En se basant sur cela, la probabilité que R(p) ne soit pas partitionné après avoir joint **n** pairs au réseau $P_{R,n}$ peut être calculé comme suit :

$$P_{R,n} = (P_R)^n = (1 - q)^n$$

Nous avons pour $\forall\ m > 0 : (1 - \frac{1}{m})^m \leq \frac{1}{e}$

En utilisant cette relation, nous obtenons :

$$P_{R,n} = (1 - q)^n = ((1 - q)^{\frac{1}{q}})^{nq} \leq (\frac{1}{e})^{nq} = e^{-nq} = e^{-nA(p)}$$

Lemme 1 est la base du Théorème décrivant le plus grand domaine qu'un rectangle peut avoir après l'insertion de n pairs :

Théorème : dans CAN après l'insertion de n pairs, la probabilité P_A d'avoir un rectangle R(p) avec un domaine A(p)$\geq$ 2c $\times \frac{ln(n)}{n}$ est de :
$P_A \leq n^{-c}$.

Un détail de la preuve de ce théorème se trouve dans[59].

Les opérations de base exécutées par CAN sont l'insertion, la recherche et suppression du couple *(clé, valeur)*. Pour comprendre le mécanisme derrière les opérations de CAN, on considère un exemple de clé de données K_1 et une valeur de données V_1. (K_1, V_1) peuvent être inséré, recherché ou supprimé une donnée de pair. Pour toute opération, la clé K_1 est mappée en un point $R_1(x, y)$ dans l'espace de coordonnées utilisant deux fonctions de hachage uniforme h_x et h_y comme suit :

$$x = h_x(K_1) \text{ et } y = h_y(K_1).$$

Le point R1 est localisé dans une zone Z_1 dans l'espace de coordonnées. Cette zone est allouée à un certain pair P_1, qui est responsable du stockage et de la gestion de toutes les données associées à la zone Z_1 parmi leur couple (K_1, V_1). Si l'opération de CAN exécutée est une recherche des données (K_1, V_1), on peut faire une distinction entre l'interrogation du pair P_R et le pair P_1. Deux scénarios possibles peuvent être mis en place :

i). Si P_R le même que P_1, on n'a pas besoin de faire suivre la requête à travers la structure CAN ;

ii). Si P_R est différent de P_1, la requête doit être routée à travers le réseau jusqu'à atteindre le nœud N_1 responsable de la zone Z_1.

Le routage exécuté par CAN est donc appelé routage glouton : c'est un chemin idéal de la source à la destination à travers l'espace cartésien. Chaque message de requête inclut le point de destination comme adresse de destination souhaitée. En fait, chaque nœud CAN a une coordonnée de table de routage listant les adresses IP et les coordonnées virtuelles de ses voisins **immédiats** et fait suivre le message de requête à son voisin, qui est le plus proche du nœud de destination. Le concept de CAN définit la procédure qui doit être adaptée au départ d'un nœud : la zone associée au pair quittant l'*overlay* est prise par un de ses voisins. Deux scénarios peuvent être considérés à cette étape : si une des zones voisines peut être fusionnée avec la zone de nœud partant, alors ceci exécute l'opération de fusion et une seule zone en découle. Par ailleurs, la zone est maintenue comme voisin avec la plus petite zone courante, qui gère temporairement les deux zones simultanément.

La maintenance de CAN est assurée par une mise à jour périodique des messages, que chaque nœud envoie périodiquement à ses voisins. Tel que indiqué dans [59], l'absence prolongée de tels messages mise à jour peut être considérée comme un signal à l'échec d'un nœud donné. Dès qu'un nœud signale que ses voisins ne sont plus actifs, il initie immédiatement le mécanisme de rachat. Plusieurs métriques peuvent être prises en compte en choisissant quel nœud deviendra responsable de la zone du pair partant : le volume de la zone actuelle, associe la charge, la qualité de la connectivité, etc.. Il peut arriver que non seulement un nœud voisin occupe plus de la moitié de l'espace occupé par les nœuds voisins ayant échoué. Dans ce cas, le nœud actif ne peut prendre l'ensemble de la zone, car CAN génère un problème d'inconsistance, il doit exécuter une recherche circulaire coûteuse pour chaque nœud résidant au-delà de la région ayant échoué et reconstruit un état de voisinage suffisant.

d/ Améliorations du concept de CAN

Le concept de base décrit dans la section précédente peut être amélioré à plusieurs niveaux. En fait, avec un nombre de concepts techniques cité dans [71], la latence du routage de CAN peut être réduite, la robustesse de CAN en matière de routages et de disponibilité de données peut être améliorée et l'équilibrage de charge peut être atteint. Ces concepts techniques sont résumés comme suit :

i). Augmentation de la dimension de l'espace de coordonnées : pour augmenter la dimension de l'espace de données cartésiennes, la moyenne du chemin de routage est réduite de même que l'ensemble de la latence de routage. De plus, le nombre de voisins augmente, ce qui implique que la tolérance aux fautes du routage soit améliorée ;

ii). Maintenance de multiple et indépendant espace de coordonnées (Réalité) : cette technique consiste à considérer un espace de coordonnées r de CAN avec chaque nœud dans le système ayant une zone de r coordonnées qui lui est assignée. Avec la réplication du contenu de la table de hachage, la disponibilité des données est significativement améliorée. Ce n'est pas le seul avantage de cette mesure, l'amélioration de la tolérance aux fautes des routages et la réduction de la latence sont aussi obtenues par l'utilisation de cette technique ;

iii). La surcharge des zones de coordonnées : la surcharge des zones de coordonnées implique de multiples partages de nœuds dans la même zone appelée pairs. Un important paramètre de cette technique est le nombre maximum de pairs allouable par zone, nommé *MAXPEERS*. La description détaillée de cette mesure est incluse dans le papier [71]. Les principaux avantages de l'extension de ce concept sont le temps de latence réduit et l'amélioration de la tolérance aux fautes. Le coût pour ces avantages est d'augmenter la complexité du système ;

iv). L'usage de multiples fonctions de hachages : pour améliorer la disponibilité des données, une seule clé peut être mappée en M différents points dans l'espace de coordonnées par l'utilisation de plusieurs fonctions de hachages différentes. Les inconvénients de cette technique sont d'augmenter la taille de la base de données des couples (clé, valeurs) et d'augmenter les requêtes du trafic ;

v). Choix des métriques de routages : avec la réflexion sur le problème induit par les métriques de routage dans la topologie IP du CAN, tel que le *network-level round -trip-time RTT* favorise une basse latence. Comme conséquence directe, l'ensemble de la latence de CAN est réduit ;

vi). Sensibilité topologique du réseau *overlay* : par la construction des topologies CAN avec la topologie IP sous-jacente, la latence de CAN peut être remarquablement réduite ;

vii). Exécution en partitionnement plus uniforme : par l'insertion d'un nouveau nœud, le nœud actif, dont la zone sera partitionnée n'est pas nécessairement le premier nœud contacté, mais ils peuvent être un de ses voisins dont la zone a la plus petite taille. Ces mesures conduisent à un équilibrage de charge entre des nœuds ;

viii). Introduction au stockage et à la technique de réplication : le concept de CAN peut être amélioré par application d'un *caching* et d'une technique de réplication communément utilisé pour la gestion de point chaud dans le Web. En effet, la maintenance de la cache des clés de données auxquelles on a accédé récemment au niveau du nœud CAN rend très populaires les données et permet ainsi une large disponibilité. De plus, la réplication des requêtes fréquentes dans les nœuds environnants permet une meilleure répartition de charges.

e/ Le protocole Chord

Chord utilise le hachage consistant [80] pour assigner des clés à ses pairs. Le hachage consiste à laisser un pair entrer et sortir du réseau avec un minimum d'interruption. Cet algorithme décentralisé tend à équilibrer la charge sur le système pendant qu'il y a des pairs qui reçoivent brusquement le même nombre de clés et il y a peu de mouvement de clé quand des pairs joignent ou quittent le système. Dans un état soutenu, pour un nombre de N pairs dans le système, chaque pair maintient l'état des informations de routage de O(log N) autres pairs (cf. figure I.2.13).

La fonction de hachage consiste à assigner aux pairs et aux clés de données un identifiant de m-bits utilisant SHA-1[37]. L'identifiant d'un pair est donné par le hachage de l'adresse IP du pair tandis que la clé identifiante est obtenue par hachage de la clé de données. La longueur d'un identifiant m doit être assez large pour que la probabilité que des hachages de clé du même identifiant soient négligeables. Les identifiants sont ordonnés sur un cercle modulo m. La clé k est assignée au premier pair dont l'identifiant est égal au k suivant dans l'espace des identifiants. Ce pair est appelé le pair successeur de la clé k, noté *successeur(k)*. Si les identifiants sont représentés comme un cercle de nombres allant de *0 à 2m-1*, alors le *successeur(k)* est le premier pair dans le sens de circulation des aiguilles d'une montre de k. Le cercle identifié est appelé *Chord ring*. Pour maintenir le hachage consistant correspondant à un pair qui joint le réseau, certaines clés précédemment assignées au successeur du pair n ont maintenant besoin d'être réassigner à n. Quand le pair n quitte le système Chord, toutes ses clés sont réassignées aux successeurs de n. Donc, les pairs joignent et quittent l'*overlay* avec une performance de $O(logN)^2$. Aucun changement d'une clé assigné à un pair n'intervient. Dans la Figure I.2.13, l'anneau Chord est représenté avec $m=6$. Cet anneau particulier a 10 pairs et stocke cinq (05) clés. Le successeur de l'identifiant 10 est 14, donc la clé 10 sera localisée dans le *NodeID 14*. De façon similaire, si un pair joint l'*overlay* avec l'identifiant 26, il pourrait stocker la clé avec l'identifiant 24 du pair ayant l'identifiant 32. Chaque pair dans l'anneau Chord a besoin de connaître comment contacter ses successeurs immédiats. Comme m est le nombre de bits dans l'espace clé/identifiant, chaque pair n maintient une table de routage avec m entrées, appelée table des entrées. La i^{eme} entrée dans la table de routage du pair n contient l'identifiant du premier pair qui succède à n, à la plus petite valeur 2^{i-1} sur le cercle d'identifiants, par exemple, $s = successeur(n+2^{i-1})$, ou $1 \leq i \leq m$. Le pair s est la i^{eme} entrée du pair n ($n \times finger[i]$). Une entrée du tableau correspond à un identifiant Chord et une adresse IP (et numéro de port) du pair concerné. La Figure I.2.13 montre une table des entrées de huit (08) pairs avec la première entrée correspondant au pair 14. De façon similaire, la dernière entrée du pair 8 correspond au pair 4. De cette façon, des pairs stockent l'information pour déterminer directement le successeur d'une clé arbitraire k. Par exemple, le pair 8 ne peut déterminer le successeur d'une clé 34 lui-même, comme le successeur de sa clé (pair 38) n'est pas présent dans la table du pair 8. Quand un pair joint le système, le pointeur suivant a besoin d'être changé. C'est important que le pointeur suivant soit mise à jour à chaque fois parce que la justesse de la recherche n'est pas garantie par ailleurs. Le protocole Chord utilise un protocole de stabilisation [80] s'exécutant périodiquement en arrière-plan de la mise à jour des pointeurs successeurs et des entrées dans la table. La fiabilité du protocole Chord est liée au fait que chaque pair connaît ses successeurs. Quand un pair échoue, il est possible qu'un pair ne connaisse pas son nouveau successeur et qu'il n'y ait pas de chance d'en connaitre. Pour éviter ces situations, le pair maintient une liste de taille r, qui contient les r premiers pairs successeurs. Quand le pair successeur ne correspond pas, le pair contact simplement le prochain pair de la liste des successeurs. Supposons que le pair échoue avec la probabilité p. La probabilité que chaque pair sur la liste des successeurs échoue est de p^r. Donc plus r augmente, plus le système devient robuste.

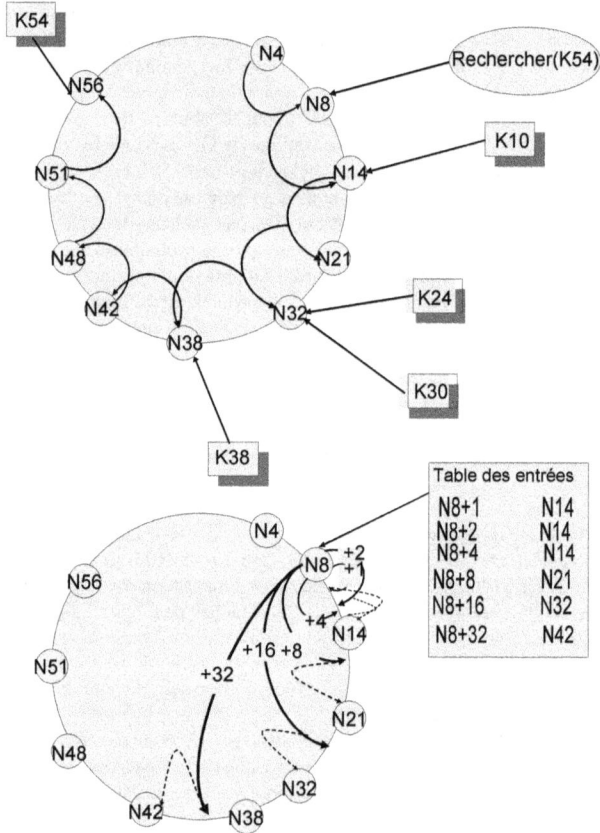

FIGURE I.2.13 –   Architecture Chord.

f/ Le protocole Kademlia

Kademlia est un protocole P2P qui se base sur une table de hachage distribuée. Il fut créé par Petar Maymounkov et David Mazières en 2002 [61]. Il spécifie la structure du réseau overlay et la manière dont se passe l'échange d'informations. Les nœuds du réseau Kademlia communiquent entre eux via le protocole UDP (*User Datagram Protocol* en anglais) (cf. figure I.2.14).

Chacun de ses nœuds est affilié à un identifiant unique, codé sur 160 bits, appelé *nodeID*. Ces identifiants sont utilisés par Kademlia pour rechercher des informations indexées. Ces informations (généralement des mots-clefs) sont appelées *value*. Chaque *value* est associée à un identifiant unique (codé là aussi sur 160 bits) appelé *key*(clé). Le principe d'indexation des informations est relativement simple : chaque nœud est responsable d'une liste d'informations - une liste de couple <key, value> - de telle sorte que les identifiants *key* soient proches de son *nodeID*. Ainsi, la distance d entre deux identifiants x et y est définie par la fonction XOR (ou exclusif) entre ces derniers : $d(x, y)= x \oplus y$.

Avec cette méthode d'indexation, retrouver une information revient à chercher un nœud dont l'identifiant est proche. Pour ce faire, Kademlia considère chaque nœud comme une feuille d'un arbre binaire. La position de chaque nœud est déterminée par le plus petit préfixe unique de son *nodeID*. La figure I.2.14 présente un exemple d'arbre dans lequel se situe un nœud dont le préfixe commence par 0011. Pour chaque nœud donné, l'arbre binaire est divisé en une série de sous-arbres qui ne contiennent pas le nœud en question. Le plus grand d'entre eux correspond à la moitié de l'arbre initial (ôté du nœud en question). Le suivant correspond à la moitié de l'arbre restant et ainsi de suite. Dans l'exemple du nœud 0011, les sous-arbres encerclés sont composés de tous les nœuds dont les préfixes sont respectivement 1, 01, 000 et 0010.

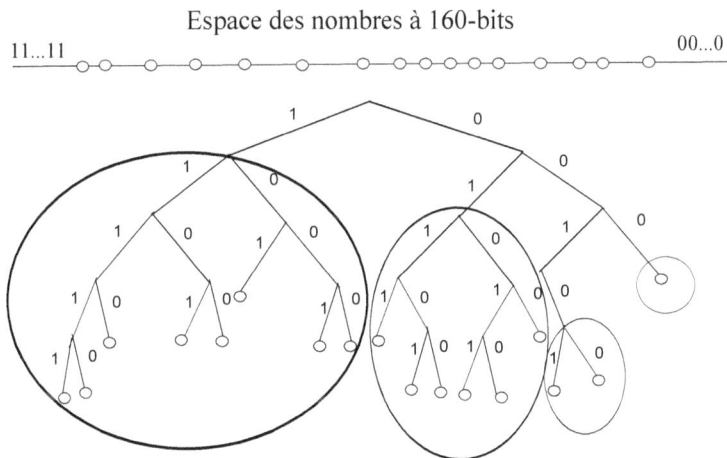

FIGURE I.2.14 –   Arbre binaire Kademlia.

Le protocole Kademlia s'assure que chaque nœud possède au moins un contact dans chaque sous-arbre. Avec cette garantie, chaque nœud peut trouver tout autre nœud dont l'identifiant est différent du sien. La figure I.2.15 apporte l'exemple du nœud 0011 localisant le nœud 1100 en questionnant successivement les meilleurs nœuds qu'il connaît pour trouver des contacts dans les sous-arbres. Finalement l'algorithme converge vers le nœud ciblé.

Le protocole Kademlia utilise quatre procédures - en anglais *Remote Procedure Call (RPC)* : **Ping, Store, Find_node et Find_value.** Chacune prenant en paramètre un identifiant ID codé sur 160 bits a le rôle suivant :

– La procédure **Ping** interroge un nœud pour savoir s'il est connecté au réseau ;
– **Store ordonne** à un nœud de stocker un couple <key, value> dans le but de le récupérer ultérieurement ;
– **Find_ node** retourne une liste de triplets contenant l'adresse IP, le numéro de port UDP et l'identifiant *nodeID* des nœuds connus pour être les plus proches de l'identifiant ciblé.

Dans son implantation réelle (le réseau Kad) le protocole Kademlia est utilisé pour la partie indexation des données. Lors d'un transfert, les clients se connectent directement entre eux via le réseau IP standard. La majorité des clients Kad sont qualifiées d'hybrides. En effet, ces derniers supportent à la fois le réseau Kad et le réseau eDonkey2000 (*ed2k* en abrégé). La majorité des utilisateurs du réseau Kad sont aussi connectés aux serveurs *ed2k* qui sont utilisés pour trouver des points d'entrées sur le réseau Kad. Selon les estimations récentes, il y aurait actuellement entre 3.5 et 5 millions d'utilisateurs sur le réseau Kad pour 500 millions à 1 milliard de fichiers en circulation.

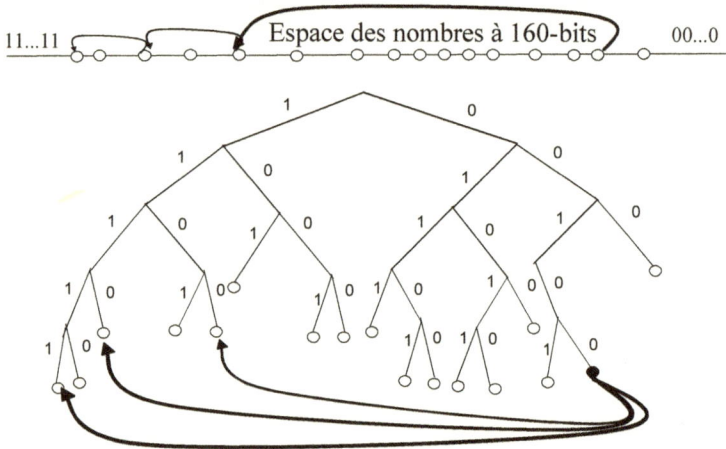

FIGURE I.2.15 –   Localisation d'un nœud par son identifiant.

g/ Le protocole Pastry

Modèle de Pastry

Le système Pastry est un réseau *overlay* de nœuds auto-organisant, où chaque nœud route des requêtes clientes avec des instances d'une ou plusieurs applications. Chaque ordinateur qui est connecté à l'Internet et le nœud logiciel Pastry peut être considéré comme un nœud Pastry, soumit seulement à la politique de sécurité de l'application spécifique (cf. figure I.2.16).

Chaque nœud du réseau *overlay* Pastry est assigné à un identifiant de 128-bit (*nodeId*). L'identifiant du nœud est utilisé pour indiquer une position du nœud dans un espace circulaire de *nodeId*, qui se situe de 0 à $2^{128} - 1$. Le *nodeId* est assigné aléatoirement quand un nœud joint le système. On suppose que les *nodeId* sont générés tels que l'ensemble des *nodeId* soit uniformément distribué dans l'espace des 128-bits de *nodeId*. Pour l'instant, les *nodeId* pourraient être générés par cryptage des clés publiques ou des adresses IP comme résultat de son assignation aléatoire de *nodeId*, avec une haute probabilité, les nœuds avec *nodeIds* adjacent sont divers dans la géographie, la propriété, la juridiction, l'attachement au réseau, etc.

Supposons un réseau constitué de N nœuds, Pastry peut router du nœud le plus proche numériquement à un nœud donné en moins de $\lceil log_{2^b} N \rceil$ sauts dans des conditions normales (b est un paramètre de configuration avec la valeur typique 4). Malgré l'échec des nœuds concurrents, une délivrance éventuelle est garantie à moins que $\lfloor |L|/2 \rfloor$ nœuds avec des *nodeId* adjacents échouant simultanément (|L| est un paramètre de configuration avec une valeur typique de 16 ou 32).

Dans un but de routage, les *nodeIds* et les clés sont considérées comme des séquences de bits. Le protocole Pastry route les messages au nœud dont le *nodeId* est numériquement proche d'une clé donnée. Ceci est accompli comme suit. Dans chaque étape de routage, un nœud normalement fait suivre le message au nœud dont le *nodeId* partage avec la clé un préfixe qui a au moins un chiffre (ou b bits) plus long que le préfixe que la clé partage avec le présent *identifiant* de nœud. Si aucun nœud de ce type n'est connu, le message est envoyé au nœud dont le *nodeId* partage un préfixe avec la clé aussi long que le nœud courant, mais qui soit numériquement proche de la clé que le présent nœud. Pour supporter cette procédure de routage, chaque nœud maintient l'état de routage, qui est décrit par la suite.

L'état d'un nœud Pastry
Chaque nœud Pastry maintient une table de routage, un ensemble de voisins et un ensemble de feuilles. Nous commençons par une description de la table de routage. Un nœud de la table de routage, R est organisé en $\lceil log_{2^b} N \rceil$ lignes avec 2^b -1 entrées chacun.

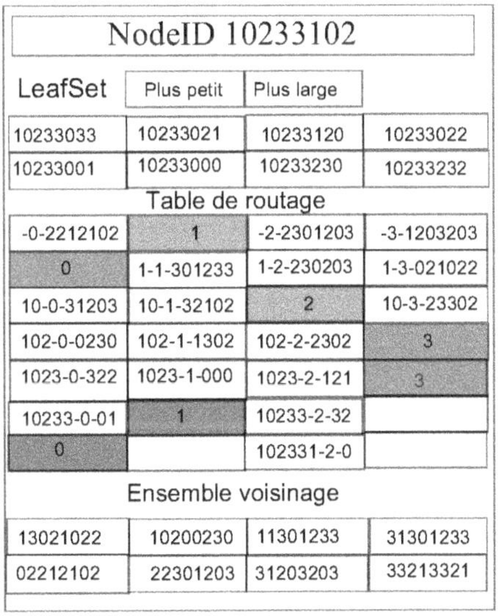

NodeID 10233102			
LeafSet	Plus petit	Plus large	
10233033	10233021	10233120	10233022
10233001	10233000	10233230	10233232
Table de routage			
-0-2212102	1	-2-2301203	-3-1203203
0	1-1-301233	1-2-230203	1-3-021022
10-0-31203	10-1-32102	2	10-3-23302
102-0-0230	102-1-1302	102-2-2302	3
1023-0-322	1023-1-000	1023-2-121	3
10233-0-01	1	10233-2-32	
0		102331-2-0	
Ensemble voisinage			
13021022	10200230	11301233	31301233
02212102	22301203	31203203	33213321

FIGURE I.2.16 – Etat d'un hypotétique nœud Pastry avec un *nodeId* 10233102, b=2, et l=8.

Dans la figure I.2.16, tous les nombres sont en base 4. La ligne supérieure de la table de routage est la ligne zéro. Les cellules grisées dans la table montrent le chiffre correspondant au *nodeId* du présent nœud. Le *nodeId* de chaque entrée a été divisée pour montrer le préfixe commun avec 10233102-prochain chiffre-reste du *nodeId*. Les adresses IP associées ne sont pas montrées.

Les $2^b - 1$ entrées à la ligne n de la table de routage fait référence au nœud dont le *nodeId* partage le *nodeId* du présent nœud dans les n premiers chiffres, mais dont le $(n + 1)^{eme}$ chiffre à un des 2^b chiffres dans l'identifiant du présent nœud.

Chaque entrée dans la table de routage contient l'adresse IP de potentiellement plusieurs nœuds dont les *nodeIds* ont le préfixe approprié ; en pratique, un nœud est choisi tel qu'il soit proche du présent nœud, selon la métrique de proximité. Si aucun nœud n'est connu avec un *nodeId* approprié alors l'entrée de la table de routage est laissée vide. La distribution uniforme de *nodeIds* garantit une même population de l'espace *nodeId* ; ainsi, sur la moyenne, seulement $\lceil log_{2^b}N \rceil$ lignes sont peuplées dans la table de routage.

Le choix de b implique un échange entre la taille d'une portion de la table de routage (approximativement $\lceil log_{2^b}N \rceil \times 2^b - 1$ entrées) et le nombre maximum de sauts exigé pour router entre chaque paire de nœuds ($\lceil log_{2^b}N \rceil$) avec une valeur de b=4 et 10^6 nœuds , une table de routage contient en moyenne 75 entrées et le nombre attendu de sauts est 5, tandis qu'avec 10^9 nœuds, la table de routage contient en moyenne 10^5 entrées et le nombre de sauts ne dépasse pas 7.

h/ Le protocole MSPastry

MSPastry [94] est une nouvelle implémentation de Pastry qui offre une grande fiabilité et une bonne performance dans un environnement réaliste. MSPastry est fiable car il assure que les messages sont délivrés au nœud responsable de la clé de destination avec une grande probabilité même dans un contexte de *churn* et de grand taux d'échec. Il prévient la livraison d'un message de *lookup* à un mauvais nœud par l'utilisation d'un nouvel algorithme qui gère l'état du routage et il assure que les messages éventuellement obtenus sont délivrés avec une combinaison de mécanisme de détection d'échec actif et par saut des retransmissions.

MSPastry aussi s'exécute bien et ses performances ne se dégradent pas considérablement avec le taux d'échec de nœuds. Il s'accomplit avec un faible délai par l'utilisation d'un routage de proximité et la combinaison d'un sondage actif et agressif par saut des retransmissions qui exploite des routes *overlay* redondant.

MSPastry offre une faible latence de routage avec une consistance robuste et basse au-delà des environnements réalistes avec grand taux de *churn*. Il assure un routage consistant avec un mimimum d'échec.

i/ Le protocole Viceroy

Viceroy [56] est une proposition de DHT inspirée de Chord, mais qui y ajoute de nombreuses améliorations. Le principe consiste à construire une topologie à multi-anneaux où chaque pair présente une connectivité constante. En effet, si dans Chord, la connectivité des pairs s'exprime en log(N), dans Viceroy, elle est constante et égale à 7. Par ce biais, les coûts d'insertions d'un pair dans la communauté ainsi que la mise à jour des informations maintenues sont maîtrisés. En outre, les performances sont similaires à celles proposées dans d'autres DHTs, avec un nombre moyen de sauts qui s'exprime en O(log(N)) pour le routage des messages.

Dans Viceroy, chaque pair Viceroy est muni d'un identifiant aléatoire appartenant à l'intervalle [0, 1[et d'un niveau l tel que l est déterminé aléatoirement dans l'intervalle [1, log(N)[. La figure I.2.17 [1] illustre un exemple de topologie Viceroy contenant une trentaine de pairs répartis

---

1. **Dans** : [56]

sur quatre (04) niveaux qui forment quatre anneaux distincts.

Chaque pair d'identifiant **id** et de niveau l maintient des connexions vers sept (07) autres pair. Tout d'abord, vers les pairs précédents et suivants sur l'anneau de même niveau. Ensuite, vers les pairs précédents et suivants sur l'anneau de référence, à savoir celui de niveau 1. Enfin, les trois dernières connexions permettant des passages entre les niveaux et consistent en deux liens vers le niveau inférieur qui référence les pairs d'identifiant $suivant_{l+1}(id)$ et $suivant_{l+1}(id + \frac{1}{2^l})$ et un lien vers le niveau supérieur vers un pair d'identifiant $suivant_{l-1}(id)$. Sur la figure suivante, on a représenté les liens maintenus par les pairs d'identifiant 0, 14 et 0, 35. Par souci de clarté, les liens vers le pair de niveau inférieur ne sont pas indiqués. On constate que les liens entre niveaux, appelés liens *Butterfly* permettent de parcourir de grandes distances dans la communauté. C'est par exemple le cas du pair 0, 14 qui référence un pair d'identifiant proche de 0, 75. Étant donné cette topologie, le routage d'un message s'effectue en trois étapes. La première consiste à remonter les niveaux jusqu'à atteindre un nœud de niveau 1. Ensuite, la seconde effectue la redescente des niveaux en utilisant les liens *Butterfly* de courte ou longue distance.

Enfin, lorsque aucun pair de niveau inférieur ne permet pas de se rapprocher plus de la cible, les liens intra-anneau sont utilisés jusqu'à l'arrivée à destination. De cette manière, avec une très forte probabilité, les messages sont routés en O(log(N)) sauts.

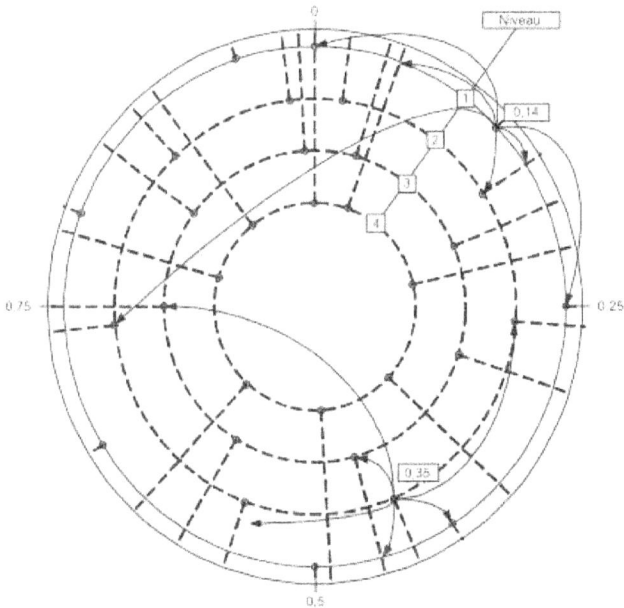

FIGURE I.2.17 —   Topologie de Viceroy.

j/ Graphes à enjambement

Les graphes à enjambement, ou *Skip graph*, sont des architectures P2P décentralisées et structurées n'utilisant pas de DHT. Ils ont été développés sur la base des listes à enjambement, ou *Skip list*. Dans la suite sont utilisés les termes anglais : *Skip list* et *Skip graph*.

Skip lists

Les *skips lists* ont été inventées en 1990 par W. Pugh [69]. Il s'agit d'une structure de données probabiliste, organisée en plusieurs niveaux parallèles de listes chaînées.

Le niveau le plus bas est une liste chaînée standard ; les niveaux supérieurs sont des listes dérivées de la liste de base suivant une certaine probabilité, permettant ainsi un parcours rapide de la liste de base. (cf. figure I.2.18 [2]).

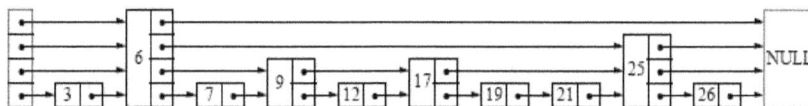

FIGURE I.2.18 –   Exemple d'une *skip list*.

Le principal atout des *skip lists* est qu'elles ne nécessitent aucune connaissance préalable du nombre total de ses éléments (d'ailleurs indéfini). L'insertion et la suppression se passent comme dans une liste chaînée, sauf que les éléments présents à plus d'un niveau doivent être insérés et supprimés de tous ses niveaux. La recherche d'une clé est aussi similaire au mécanisme de recherche dans une liste chaînée. Elle s'opère successivement dans chacune des listes, en commençant par la liste supérieure en premier. Une liste inférieure n'est parcourue que si la requête n'a pas été satisfaite dans les listes supérieures. La figure I.2.19 [3] illustre les modalités de recherche pour l'insertion d'un nouvel élément dans la *skip list*.

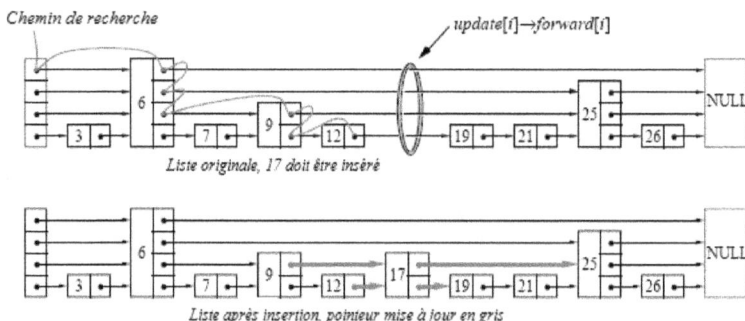

FIGURE I.2.19 –   Illustration du parcours d'une skip list et de l'insertion d'un élément.

Skip graphs

À la différence d'un *skip list*, un *skip graph* présente plusieurs listes par niveau afin d'assurer une certaine redondance et chaque nœud est présent à tous les niveaux. Dans les *skips graph*, les nœuds sont identifiés par une chaîne aléatoire de bits, en base deux, et de longueur *l-1 ; l* étant

---

2. **Dans :** [69]
3. **Dans :** [69]

le nombre de niveaux. Chaque nœud indexe ses propres objets et choisit ses voisins en fonction des identifiants des objets qu'ils stockent.

Un vecteur d'appartenance, ou *membership vector*, est lié à chaque nœud pour lui permettre de reconnaître les listes chaînées auxquelles il appartient. Chaque liste chaînée est étiquetée par un mot de taille finie. Le vecteur d'appartenance est un mot aléatoire de longueur indéfinie, mais composé à partir d'un certain alphabet de taille finie. Un nœud appartient à toutes les listes chaînées dont l'étiquette est un préfixe de son vecteur d'appartenance.

La figure I.2.20 illustre un exemple de *skip graph* à trois niveaux avec six nœuds.

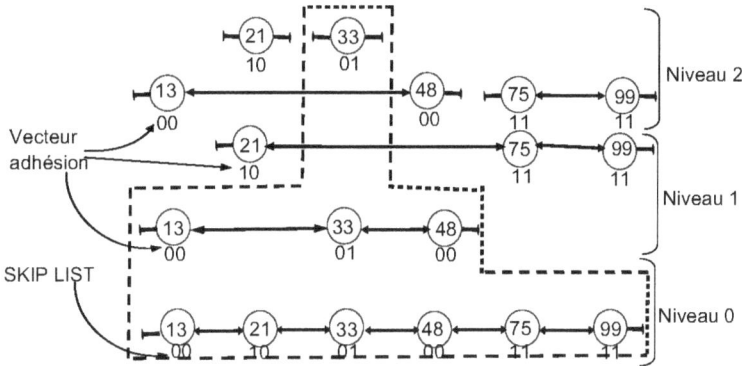

FIGURE I.2.20 –   Un *skip graph* de six nœuds à trois niveaux.

SkipNet

Parallèlement aux *skips graph* [5], l'idée d'utiliser les *skip lists* pour le routage P2P structuré a abouti aussi à *SkipNet* [38]. *SkipNet* se présente comme un cas d'usage des *skips graph*, garantissant la localité des chemins et des contenus. La figure I.2.21 illustre une infrastructure SkipNet à huit nœuds.

Dans SkipNet les nœuds ont deux identifiants : un numérique (*numericId*) et un nominal (*nameId*). La recherche d'objets peut alors se faire sur la base soit de l'identifiant nominal, soit de l'identifiant numérique. La recherche en mode nominal est une recherche par domaine (comme la recherche DNS). Un exemple clair est donné dans [73] : pour trouver le document *docname* se trouvant sur le nœud *user.compagny.com*, la requête parcourt les listes à la recherche du préfixe *com.company.user*. Quant à la recherche en mode numérique, elle se fait en remontant les niveaux à partir du niveau le plus bas, de sorte à avancer d'un digit par niveau jusqu'à la destination. Dans les deux cas, à défaut de pouvoir avancer, le routage vers l'élément suivant se fait de façon aléatoire, mais en se rapprochant de la destination.

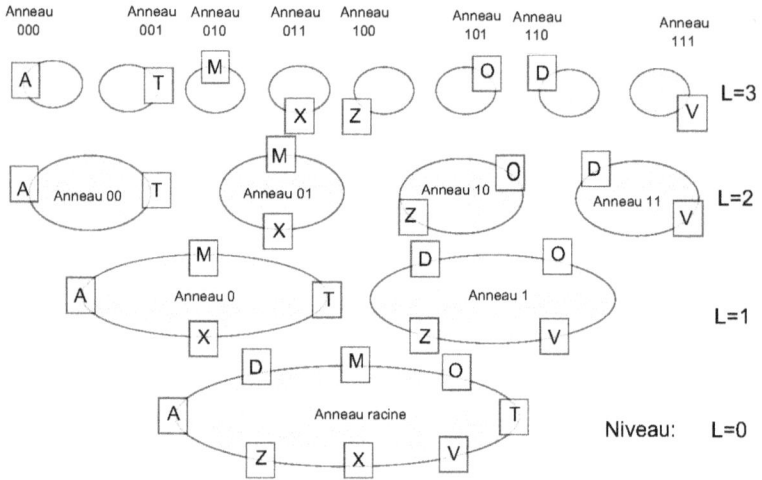

FIGURE I.2.21 –   Une infrastructure *SkipNet* à huit nœuds.

Analyse des graphes à enjambement

Dans un *skip graph*, les objets sont référencés par leurs identifiants logiques, sans passer par le service d'une fonction de hachage. Similitudes et ordonnancements des clés sont donc conservés. Les requêtes complexes de type intervalle deviennent alors possibles, sans qu'elles soient fractionnées ou répétées. Elles s'exécutent dans une sous-liste.

L'absence de fonction de hachage fait que chaque pair est seul responsable de ses objets. Ceci accroît la sécurité du système et diminue le temps de latence entre la localisation d'un objet et sa récupération. La gestion des objets est aussi simplifiée et leur emplacement plus flexible que dans une DHT.

La gestion du système est cependant moins équitablement répartie entre les pairs. En fait, la charge de chaque pair est fonction du nombre d'objets qu'il partage. Chaque pair physique est représenté par autant de pairs logiques que d'objets qu'il met en partage, et avec k clés, il y a $O(\log k)$ niveaux dans le réseau. Le degré d'un pair est donc aussi en $O(\log N)$. Chaque nœud physique gère donc un nombre de liens différents qui est bien plus important que dans une DHT. L'importance des trafics de maintenance et de mise à jour est tout autant conséquente. Le diamètre reste pourtant en $O(\log N)$.

Comme les DHTs, les *skips graphs* font abstraction des ressources réseaux disponibles. Quant à la localité structurelle du réseau underlay (e.g. domaines administratifs), elle est conservée dans *SkipNet*. Aussi, *SkipNet*, permet à l'identifiant nominal de garder une sémantique, pour les objets uniquement.

k/ Graphes de *de Bruijn*

Les graphes de *de Bruijn* portent le nom du mathématicien qui les a introduits [21]. Il s'agit de graphes orientés B(k, l) dont les sommets sont toutes les suites possibles de longueur l formées des symboles de l'alphabet A=0, 1, . . . , k-1 et dont les arcs joignent deux sommets f et g, tel que f=xh et g=hy, où x et y sont des symboles de A et h une suite quelconque de l-1 symboles de A.

Chaque nœud d'un graphe B(k, l) de *de Bruijn* connaît k autres nœuds, avec k variables selon le degré de robustesse désiré. En passant d'un nœud à un autre, on parle de routage par décalage. Le décalage peut se faire vers la gauche ou vers la droite, selon l'orientation des arcs ; il est défini par l'algorithme du protocole. La figure I.2.22 illustre le graphe B(2, 3) de *de Bruijn*.

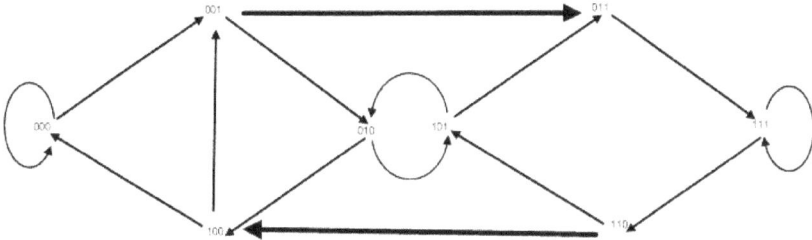

FIGURE I.2.22 –   Exemple d'un graphe B(2, 3) de *de Bruijn*.

Ces dernières années plusieurs systèmes P2P basés sur les graphes de *de Bruijn* et utilisant les DHTs ont vu le jour. Nous citons :

i). Le protocole Koorde [43] qui étend celui de Chord [80] pour atteindre les performances d'un graphe B(2, l) de *de Bruijn*. C'est l'une des DHTs qui représente le taux de latence le plus faible, en l'absence de congestion ;

ii). Le protocole Broose [29], qui adapte celui de Kademlia[61] à la topologie de *de Bruijn* ;

iii). Le protocole D2B [27] qui adapte celui de CAN [71] aux graphes de *de Bruijn* ;

iv). *Optimal Diameter Routing Infrastructure* (*ODRI* en abrégé)[53] pour les réseaux à degré constant.

2.5 Conclusion

L'architecture P2P est un modèle distribué où les entités appelées pairs jouent le rôle de client et serveur. On peut catégoriser ceci en différents niveaux de décentralisation permettant de découper ce modèle en trois sous-modèles qui sont le modèle P2P pur, hybride et centralisé. Le modèle pur est constitué de pairs strictement équivalents. Le modèle hybride utilise des super-pairs qui présentent des fonctions avancées. Enfin le modèle centralisé repose sur un serveur dédié qui assure les fonctions de découverte et localisation.

Les caractéristiques du modèle P2P sont nombreuses. La principale est la décentralisation qui confère aux applications P2P et, comparativement au modèle client/serveur, un bon équilibre de la charge, un meilleur passage à l'échelle, une répartition des coûts de mise en œuvre et de maintenance du service offert et une bonne tolérance aux fautes. Les autres caractéristiques de ce modèle sont :

i). **L'auto-organisation** qui permet aux communautés de pairs de délivrer leur service de manière autonome ;

ii). **La connectivité Ad Hoc des pairs** qui induit un dynamisme des données et des ressources ;

iii). **L'utilisation d'un overlay** qui abstrait les caractéristiques physiques des éléments ;

iv). **L'anonymat** qui permet aux pairs d'agir librement sans révéler leur identité.

Chapitre 3

Modélisation du *churn* et stratégies de réplication

3.1 Introduction

Les systèmes pair-à-pair basés sur les tables de hachage distribuées (en anglais : *Distributed Hash Table, DHT*) fournissent un moyen passant à l'échelle et tolérant aux fautes pour stocker des blocs de données de manière totalement distribuée. Malheureusement, des études récentes ont montré que si la fréquence de connexion/déconnexion (en anglais : *churn*) est trop élevée, des blocs de données peuvent être perdus. Par ailleurs, avec la vitesse croissante du haut débit et l'amélioration continue des techniques de compression vidéo, la télévision à base d'Internet (IPTV) a connu une croissance soutenue récemment. Lorsqu'il s'agit de réaliser des services Internet IPTV aujourd'hui, le pair-à-pair basé sur le mécanisme de délivrance est considéré comme une option attractive à cause de la souplesse du déploiement et du potentiel de la bande passante. Aussi, un des aspects de la recherche dans les systèmes P2P est focalisé sur l'observation des réseaux déployés (par exemple, [10][17][77][36]) un résultat significatif de ces recherches est que de tel réseaux sont caractérisés par un haut degré de *churn*. Une métrique de *churn* est le temps de session : le temps entre l'arrivée et le départ d'un nœud du réseau. Dans ce chapitre, nous présentons un état de l'art sur la modélisation du *churn*, nous aborderons par la suite quelques stratégies de réplication existantes. Enfin, nous définissons le modèle de durée de session, le temps d'inter-arrivée et la capacité d'*upload/download* dans un réseau P2PTV réel[13].

3.2 Modélisation et évaluation du *churn*

3.2.1 Généralités

À notre connaissance, la plupart des études sur les DHTs en contexte dynamique font l'hypothèse d'un taux maximal de départ et d'arrivée [51] en contexte de churn. Ainsi, ces études ne prennent pas en compte la variation possible de ce taux (τ) correspondant au nombre de départ du réseau (D) rapporté à la taille initiale du réseau (N_0), soit $\tau = \frac{D}{N_0}$. Aussi, plusieurs études proposent de fixer la disponibilité des participants des systèmes pair-à-pair [10][81][3] qui traitent respectivement des réseaux *Overnet, Kad et Maze*. La plupart de ces travaux sont menés de façon centralisée et non vraiment distribuée. Ses recherches permettent de pouvoir mieux calibrer la tolérance des applications développées dans un contexte dynamique. D'autres approches se proposent naturellement d'exploiter la connaissance de la topologie logique sous-jacente. C'est le cas de [30][58] qui s'appuient sur les caractéristiques des réseaux structurés, pour mesurer le temps de présence en hors ligne des pairs. Il s'agit d'une méthode d'extrapolation basée sur les évènements observés dans un sous-ensemble du réseau. D'autres études font aussi l'hypothèse d'un même nombre de nœuds qui quittent et arrivent dans le réseau de façon à garder la taille du réseau constante[34]. Ces dernières études sont très restrictives, car dans la pratique, il est difficile d'avoir une telle situation.

3.2.2 Modèles de *churn*

Des travaux ayant porté sur la modélisation du *churn* dans les réseaux P2P [41] définit la métrique *churn* comme étant la capture du comportement dynamique des systèmes P2P en terme du taux auquel des nœuds arrivent et quittent le système ainsi que la corrélation et le niveau de synchronisation entre les temps auxquels les nœuds arrivent et quittent le réseau. De plus, en pratique, la variation de la structure du réseau P2P du fait de l'arrivée et du départ inopiné des pairs constitue une limite pour la performance et la disponibilité offertes par les architectures à base de DHTs. De telle variation induit dans le pire des cas des pertes importantes de données et dans le meilleur des cas une dégradation de la fiabilité du système. Cette dégradation de performance est due à la réorganisation de l'ensemble des répliques de l'objet affecté. En effet, Rodrigues et Blake ont montré que l'utilisation de DHT classiques pour le stockage de grandes quantités de données n'est pertinente que si le temps de session des pairs est de l'ordre de plusieurs jours [74]. Les travaux sur la résistance au *churn* réalisé pour la plus grande part jusqu'à présent traitaient du problème du routage entre pairs, c'est-à-dire du maintien de la cohérence du voisinage logique[72][15]. La gestion pertinente de la migration de données dans la couche de stockage continue donc d'être un problème lorsqu'une reconfiguration des pairs doit avoir lieu. Dans la plupart des DHTs classiques [80][61][75], chaque bloc de données se voit associer un nœud racine (ou stockeur). L'identifiant de cette racine est celui qui est numériquement le plus proche de la clé de stockage de ce bloc dans l'espace d'adressage. Aussi, chaque nœud de la DHT dispose d'un ensemble de voisins logiques permettant de construire des *shortcuts* (raccourcis en français). Le schéma classique de réplication consiste à stocker les copies des blocs de données dans un sous-ensemble de ses voisins logiques [22]. De cette manière, si un pair quitte le réseau P2P, les répliques demeurent persistantes.

3.2.3 Evaluation des stratégies de résistance au *churn*

a/ Contexte

Pourquoi, la résistance au *churn* est importante ? Avant de répondre à cette question, distinguons deux types de *churn* :

- **Le *churn* ordinaire** : correspond à un contexte où les nœuds joignent le réseau un à un de la même façon qu'ils le quittent en informant leurs voisins. Les évènements *churn* arrivent occasionnellement et peuvent être maintenus rapidement donc, nous pouvons supposer que le réseau *overlay* est bien structuré avant que chaque évènement *churn* individuel n'intervienne ;

- **Le haut *churn*** : est un contexte dans lequel une grande proportion de nœuds arrive et quitte le système simultanément et fréquemment.

Comme ci-dessus, nous pouvons constater que les deux contextes de *churn* sont très différents et la routine de stabilisation utilisée pour le *churn ordinaire* n'est pas valable pour le *haut churn*. D'autres routines peuvent être utilisées pour s'assurer que les services seront disponibles en contexte de *haut churn*.

Beaucoup de travaux relatifs à la résistance ont été effectués de façon théorique par [18][11][24][87] et simulés par [24]. Cependant, la simulation sous *haut churn* pour comparer leur résistance n'est traitée que par quelques papiers. Les travaux comme [52] proposent une mesure de la résistance au fort *churn* des protocoles P2P.

Le crash point : Si le départ de x pourcent des nœuds du système induit 50% d'échec dans les requêtes de *lookup*, alors x pourcent est appelé *crash point*. Le *crash point* est défini pour trois raisons :
- Le compromis entre le départ et l'arrivée des nœuds dans le système conduit à des informations de routages incorrects. Le pourcentage des départs concurrents constitue le degré de *churn* ;
- Par cette définition, on peut ignorer la différence entre deux genres de *crash*. Un genre Un genre concerne un nœud isolé où toutes les recherches échouent. L'autre genre concerne l'ensemble du réseau découpé en sous-réseaux où les recherches. Cependant, les recherches à l'intérieur des sous-réseaux réussissent ;
- Le ratio de succès est facile à enregistrer et est en relation avec la connectivité du réseau.

b/ Evaluation

Liben-Nowell et al. [18] examinent l'erreur de résistance dynamique de Chord quand un nœud joint où quitte le système et réduit la contrainte sur le degré nécessaire pour maintenir un graphe connecté avec une forte probabilité. Fiat et al. [7] ont construit un réseau résistant censuré qui peut tolérer un grand nombre de nœuds qui échoue. Saia et al. [25] créés une autre structure à forte tolérance aux fautes avec $O(log(3N))$ étapes pour chaque nœud et $O(log(3N))$ sauts pour le routage *overhead*.

Malheureusement, très peu d'études font cas d'une analyse comparée de la résistance des graphes existants, spécialement quand des nœuds joignent et quittent l'*overlay* avec une grande fréquence.

Certaines études telles que Gummadi et al. [24] trouvent que la topologie en anneau offre plus de flexibilité avec la sélection de route et fournit la meilleure performance relativement aux autres. Cependant, il ne mentionne d'autres bonnes DHTs comme Kelips qui montrent de très bons résultats de simulation, Dimitri Loguinov et al. [86] font des analyses théoriques des graphes existants, Jinyang et al. [88] comparent plusieurs DHTs en contexte de *churn* suivant la métrique de latence et Simon et al.[32] travaillent sur la capacité des P2P structurés à supporter un grand dynamisme du réseau.

c/ Analyse

Une des raisons qui font que l'on voit les DHTs comme une plateforme pour un grand nombre de systèmes distribués est qu'elles ont une certaine résistance en contexte de *churn* qui prend deux aspects [24] :

- **Résistance statique** : dans ce cas, la table de routage est gardée statique. Seul l'entrée du nœud défaillant est supprimée et on observe si les DHTs peuvent router correctement sans la routine de stabilisation ;
- **Routage recouvré** : On reconstruit la table de routage avec les nœuds vivants en supprimant les entrées des nœuds défaillants.

Résistance statique :
Glummadi et al. [24] ont conclu que la flexibilité est le facteur le plus important qui affecte la performance de la résistance statique et maintient le résultat de notre simulation. Quand la géométrie de routage a été choisie plus flexible, cela signifie plus de liberté dans la sélection des voisins et des routes. Deux cas peuvent alors se présenter :

- ***Neighbor selection*** : les DHTs ont une table de routage composée de voisins (par exemple, Koorde), les autres offrent une liberté de choisir des voisins basés sur d'autres critères en plus de l'identifiant ;
- ***Route selection*** : donné un ensemble de voisins et une destination, l'algorithme de routage détermine le choix du prochain saut. Cependant, quand le prochain saut déterminé est bas, la flexibilité décrira combien d'autres possibilités il y aura au prochain saut. S'il n'y a pas ou trop peu, l'algorithme de routage est probablement défaillant.

Chord, Kademlia, Kelips fournissent une flexibilité dans la selection du voisin et le routage.

Rétablissement du routage :
Trois genres de stratégies de rétablissement de routage sont utilisés habituellement :

- **Rétablissement sur demande :** ce genre de rétablissement arrive quand l'environnement extérieur demande le nœud à changer. Pendant un instant, un voisin vous informe de son départ, alors, on le supprime de la liste de voisins et on le remplace avec un nouveau voisin ;
- **Routine de stabilisation :** ce genre de procédé s'exécute activement pendant un certain temps pour éliminer l'erreur dans la table de routage ;
- **Rétablissement *Piggybacked* :** des protocoles peuvent utiliser des messages d'entrée comme *lookup request* pour le rétablissement de la table de routage si nécessaire.

3.3 Réplication classique de contenu

3.3.1 Réplication par le demandeur d'une ressource

De manière générale, nous pouvons noter que la plupart des réseaux P2P d'échange de fichiers introduisent une réplication de données assurée par le demandeur. En effet, lorsqu'un nœud a obtenu une ressource, celui-ci la met à disposition des autres nœuds : la popularité d'une ressource entraîne ainsi la création de nouvelles répliques. Les nœuds disposant d'une ressource suite à son obtention sur un autre nœud signalent leur mise à disposition de la ressource, dans le cadre de réseaux P2P organisés, par insertion de sa clé dans le système de table de hachage distribuée ou alors par message envoyé au serveur centralisé d'annuaire.

3.3.2 Incitation à la réplication

Ce mécanisme assure déjà un équilibrage de charge acceptable entre nœuds pour une ressource devenant populaire. On notera cependant que les pairs participant au réseau peuvent choisir de ne pas créer une réplique pour chaque ressource qu'ils obtiennent d'un autre nœud (phénomène de *freeriding*) : la présence de nombreux nœuds adoptant ce comportement compromet l'accessibilité de données de fortes popularités au sein du réseau. Certaines solutions peuvent être adoptées pour inciter un nœud à la réplication de ressources téléchargées. On peut noter par exemple la solution adoptée par BitTorrent (*tit for tat*[68]). On pourrait également envisager d'attribuer des scores de réputation aux nœuds (tels que Eigentrust[44]) dépendant notamment de leur « générosité » à créer des répliques et à les distribuer à d'autres nœuds.

3.3.3 Mécanismes de découpage de ressource

Pour les données de taille conséquente, il paraît judicieux de procéder à un découpage préalable des fichiers en paquets de taille modeste. Un fichier peut ensuite être récupéré par un nœud depuis plusieurs sources mettant à disposition des paquets de données. Les mécanismes de découpage en paquets permettent de créer des répliques partielles (avant le téléchargement complet d'un fichier). Plusieurs approches peuvent être envisagées comme (cf. figure I.3.1 :
   - Le découpage linéaire de données : le fichier de données de taille n est découpé en n/s paquets de taille s ;
   - L'utilisation de techniques de *network coding* : chaque paquet est la combinaison linéaire de plusieurs portions de fichiers. Une étape de reconstruction du fichier par résolution d'un système linéaire d'équations est alors nécessaire pour reconstituer le fichier. Ce procédé est notamment utilisé par le système P2P *avalanche* [31] pour résoudre le problème de non-homogénéité de disponibilité des différents paquets d'un fichier sur le réseau.

Réseau original

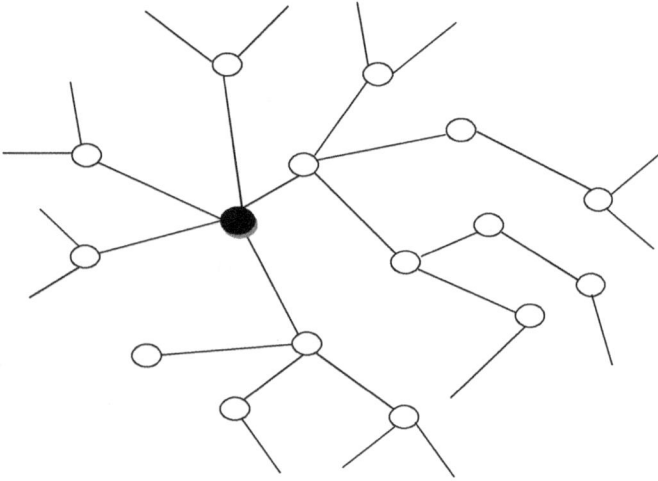

Réseau avec app-cache

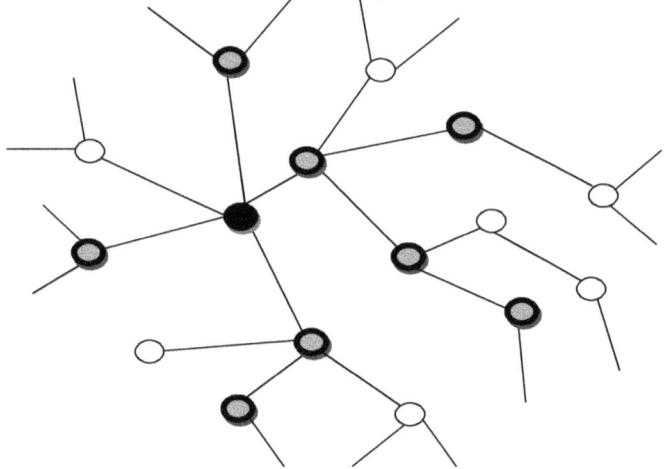

FIGURE I.3.1 –   Mise en cache de la ressource demandée pendant l'acheminement de la requête.

3.4 Caractéristiques des pairs mesurées dans un réseau P2PTV réel

3.4.1 Généralités

Dans le but d'effectuer des simulations réalistes et de réaliser l'analyse raffinée de la scalabilité et de l'efficacité d'un réseau P2PTV, [13] prend en compte beaucoup de pairs caractéristiques. En effet, ils ont rassemblé des données de Zattoo P2PTV qui est un réseau de *streaming* P2P *push-based*. Dans Zattoo, la sélection du pair est basée sur des mesures de délai entre pairs, aussi bien que leur topologie et information géographique (par exemple, l'adresse IP, numéro AS, pays, etc). Le réseau couvre huit pays Européen et dessert trois (03) millions d'utilisateurs enregistrés. Les données utilisées dans leur analyse proviennent de la base de données de session de Zattoo sur une période de deux semaines du 10 au 24 mars 2008. Chaque session dans la base de données enregistre le comportement courant d'un utilisateur incluant la durée de session, le nombre d'octet *uploaded/downloaded*, etc. Le nombre de sessions enregistrées s'élève à 9, 8 millions sessions couvrant 198 chaînes de 8 pays. À partir des données rassemblées, ils etudient principalement les caractéristiques qui peuvent impacter un réseau P2PTV :

– Longueur de session (section 3.4.2) ;
– Temps d'inter-arrivée (section 3.4.3) ;
– Capacité d'*upload* (section 3.4.4).

3.4.2 Longueur de session

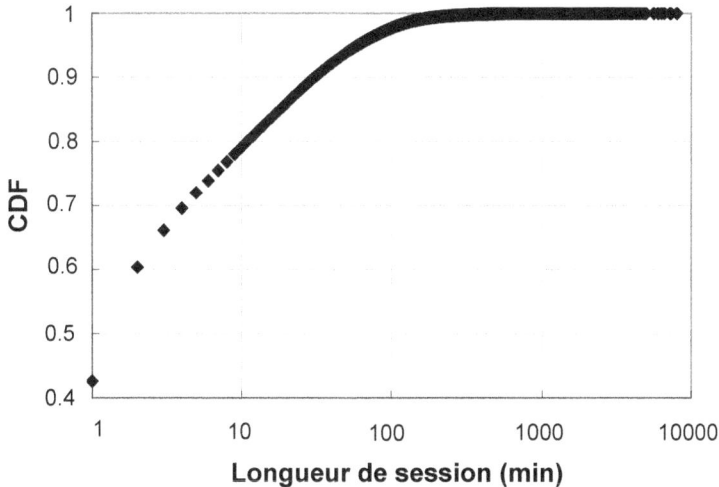

FIGURE I.3.2 –   Distribution de la longueur de session de pair.

La figure I.3.2[1] montre la distribution de longueur de sessions utilisant une échelle logarithmique en abscisse. Comme déjà observé dans plusieurs travaux précédents[16][40][85], sa fonction de distribution (CDF) est en forme de courbe logarithmique. Sur cette figure, nous pouvons observer que 80% des pairs ont des sessions plus courtes que 10 minutes. Ceci est une valeur typique qui est aussi observée dans d'autres travaux précédents, mais il peut varier en fonction du contenu des deux canaux (par exemple, *news* seulement, canal de film seulement, etc.) et le comportement de *zapping* des utilisateurs. Il est important de noter que la plus courte longueur de session correspond au plus haut taux de *churn*. Le fort taux de *churn* pourrait avoir un effet défavorable sur la stabilité de l'*overlay*.

3.4.3 Temps d'inter-arrivée

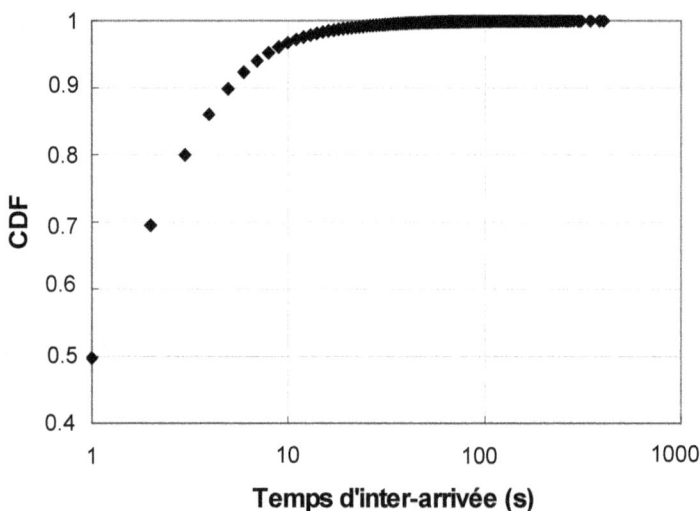

FIGURE I.3.3 –   Distribution du temps d'inter-arrivée.

La figure I.3.3[2] montre la distribution des temps d'inter-arrivée entre deux utilisateurs quelconques mesurés pour une chaîne populaire en échelle logarithmique pour les abscisses. Le CDF suit une forme logarithmique pour des temps d'inter-arrivée entre 1 et 6 secondes. Sur cette figure, on localise le genou de la distribution à environ 10 secondes pour la majorité des pairs (c'est-à-dire, 96%). Signifiant ainsi que les temps du début des sessions sont souvent proches de chacun des autres. Il n'est pas courant que deux sessions suivantes de démarrage soient séparées par un intervalle de temps long. Pour cette chaîne populaire le temps d'inter-arrivée maximal enregistré était 300 secondes, mais cette valeur peut varier en fonction du comportement utilisateur.

---

1. **Dans** : [13]
2. **Dans** : [13]

3.4.4 Capacité d'*upload/download*

Dans [13], le ratio de *stream* entrant qui peut être redistribué à d'autres pairs peut être défini comme un facteur de redistribution noté k. Le facteur de redistribution k peut prendre une valeur de 0 à l'infini en fonction de la capacité de liaison « terre-satellite » du pair. Par exemple, si k=1, cela signifie que le pair peut redistribuer un *stream* complet, tandis que si k=2, cela signifie que le pair redistribue deux copies de *stream*. Des valeurs fractionnées sont aussi possibles comme *stream* complet et peuvent être divisées en *sub-streams* multiples. La subdivision d'un *stream* permet à un pair de redistribuer seulement un sous-ensemble de *stream* à d'autres pairs ; par exemple, si k=0, 5, cela signifie que le pair redistribue seulement la moitié du *stream* en raison de sa contrainte de bande passante (de largeur de bande) de liaison « terre-satellite » ou de disponibilité d'amortisseur. Le nombre maximal de pairs capables de se connecter au système sera fonction de la valeur moyenne de k ; si elle est en dessous de 1, le système ne peut passer à l'échelle et l'*overlay* atteindra sa taille maximale.

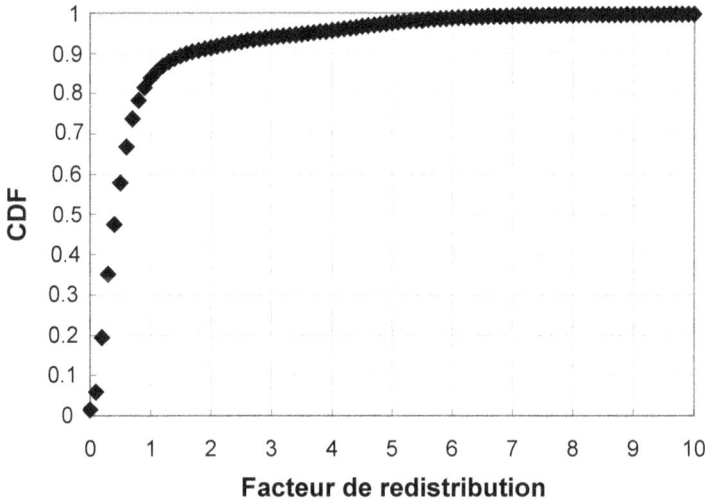

Figure I.3.4 – Accomplissement du facteur de redistribution.

La figure I.3.4 [3] montre la distribution du ratio k, où k est le taux d'*upload* divisé par le taux de *download*. Le taux d'*upload* est mesuré entre le pair et un serveur spécifique situé en Europe. Comme la mesure de la bande passante dépend de beaucoup de facteurs et est très difficile à faire, les valeurs rapportées ici peuvent ne pas être précises. La distribution CDF ressemble à une courbe logarithmique bien qu'il ne soit pas logarithmique. La distribution est fortement à queue lourde. La valeur moyenne de k calculé est de 0.86, ainsi, reste en dessous de 1 (et la valeur n'est pas significative puisque la distribution n'est pas normale). Nous avons constaté que 50% des pairs peuvent redistribuer moins de 50% de *stream* complet (c'est-à-dire, k<0.5), tandis que 82% des pairs peuvent redistribuer moins d'un *stream* complet (c'est-à-dire, k<1). Un réseau

---

3. **Dans :** [13]

P2PTV basé exclusivement sur ces valeurs de redistributions ne peut passer à l'échelle.

3.5 Conclusion

Les tables de hachage distribuées pair-à-pair fournissent un système de stockage passant à l'échelle, efficace et simple à utiliser. Cependant, les solutions existantes tolèrent mal un fort taux de churn ou ne passent pas vraiment à l'échelle en terme de nombre de blocs à stocker. Les raisons pour lesquelles elles tolèrent mal un taux de *churn* élevé ont été identifiées : elles imposent des contraintes de placement strictes, ce qui entraine des transferts de données non nécessaires. Aussi, un *overlay* P2PTV est un réseau très dynamique, il est donc intéressant d'étudier le bénéfice que peut apporter l'architecture CLOAK à un tel réseau. C'est pourquoi, on a caractérisé son comportement en matière de : durée de session, temps d'inter-arrivée, capacité d'*upload/download*.

Deuxième partie

Contribution

Chapitre 4

Proposition de l'architecture pair-à-pair CLOAK

4.1 Introduction

La communication actuelle dans Internet est encore basée sur la pile de protocoles TCP/IP et il y a plusieurs caractéristiques clés manquantes. Toutefois, beaucoup d'efforts ont été fait durant ces dernières décennies visant à fournir la mobilité, la sécurité et les connexions réseau multipoints, ces efforts ont principalement été focalisé sur les équipements tels les ordinateurs, les smartphones, les routeurs, etc. et non sur la partie logique des communications. En fait, bien que nous ayons beaucoup d'équipements mobiles, il est encore impossible de transférer une communication d'un équipement à l'autre sans interrompre la communication (et tout recommencer). De la même façon, bien que nous ayons le choix entre beaucoup d'applications, il est toujours impossible de transférer une communication d'une application à une autre sans interruption de la communication. La mobilité dans les infrastructures de la couche 2 (par exemple WIFI, WIMAX, 3G et plus) est de nos jours bien supportée, mais les utilisateurs ont encore un accès très limité aux couches supérieures de mobilité(par exemple, MobileIP[102], *TCP-Migrate*).

Dans ce chapitre, nous proposons et décrivons une nouvelle architecture pour l'utilisation des connexions virtuelles organisées sur le réseau *overlay* dynamique construit au-dessus de la pile de protocoles TCP/IP de l'équipement participant. Nous avons appelé cette architecture CLOAK (*Covering Layers Of Abstract Knowledge* en anglais). Cette architecture supporte des noms pour des entités (par exemple, des utilisateurs) et des équipements, des adresses virtuelles pour des équipements et des sessions logiques qui permettent une virtualisation complète de tous les genres de communications dans l'Internet. Les nouvelles sémantiques apportées par notre proposition offrent plusieurs perspectives dans la communication au sein de l'Internet. Les connexions virtuelles sont organisées et managées par notre solution permettant pour l'instant la maintenance transparente des pannes et de restaurer la couche de connexion transport (par exemple, connexions TCP ou SCTP). Le reste de ce chapitre sera organisé comme suit. Premièrement, nous ferons un bref aperçu sur la notion de connexions virtuelles ensuite nous présenterons le modèle et les caractéristiques de notre architecture avant de décrire l'implémentation. Enfin nous conclurons ce chapitre.

4.2 Généralités

Les connexions virtuelles comme nous les définissons, peuvent être considérées comme fournissant (entre autres) la connexion en mobilité à la couche de transport. La recherche sur de telles connexions en mobilité à la couche transport est principalement restée expérimentale jusqu'à maintenant. Concernant la gestion de la connexion TCP, plusieurs solutions ont été proposées. *TCP-Migrate* [111], [112] développés au *Massachusetts Institute of Technology*, fournit un *framework* unifié pour supporter le changement d'adresse et les interruptions de connexions. *Migrate* fournit des applications mobiles intelligentes avec un ensemble de primitives pour la réinstantiation de la connectivité. *Migrate* permet aux applications de réduire leurs consommations de ressources durant des périodes de déconnexion et de résumer des sessions sur reconnexion. Rocks [118] développé à l'Université du Wisconsin, protège des applications à base de *socket* du réseau défaillant, tels que le lien défaillant, l'adresse IP change et étend les périodes de déconnexion. Le *TCP-Migratoire* [114] développé à l'Université de Rutgers est un protocole de la couche transport pour la construction des services réseaux hautement disponible par les moyens de migration transparente du serveur terminal d'une connexion permanente entre des serveurs coopérant qui fournissent le même service. Les serveurs d'origine et de destination coopèrent en transférant l'état de connexion dans le but de s'accommoder à la connexion migrante. Finalement, la tolérance aux fautes TCP [117], [90] développée à l'Université du Texas permet à un serveur défectueux de garder la connexion ouverte jusqu'à sa restauration ou qu'il est échoué au-dessus d'un *backup*. La défaillance et la restauration du traitement serveur sont complètement transparentes aux processus client. Cependant, tous ces projets sont seulement distribués avec la reconnexion TCP. Il ne permet pas une totale virtualisation d'une communication. Ils ne permettent pas aussi de commuter des applications et/ou des équipements de chaque utilisateur communicant à volonté.

4.3 Architecture

4.3.1 Modèle

Dans le contexte de notre architecture, une *communication* est un ensemble d'interactions entre plusieurs entités. Ils peuvent avoir chacun une forme de communication en *simplex* ou en *duplex* où l'information est traitée et échangée entre les entités (par exemple, parler, visualiser une vidéo, vérifier un compte en banque, envoyé un mail, etc.). Une interaction est simplement un type donné d'action mettant en relation deux ou plusieurs entités par l'utilisation de protocole d'application (par exemple, FTP, HTTP, etc.). Une entité est typiquement un utilisateur humain, mais il peut aussi être un service tel qu'un serveur. Une communication typiquement implique un minimum de deux entités, mais il peut aussi impliquer beaucoup plus dans le cas du *multicast* et des communications en *broadcast*. Finalement, un équipement est un terminal de communication sur lequel s'exécute les applications qui sont utilisées par une entité pour interagir avec d'autres entités. Dans ce contexte, le but de notre architecture est de permettre à une communication de rester persistante, c'est à dire, sans qu'aucune interruption ne survienne sur un ou tous les équipements (par exemple, équipement, application ou entité) en évoluant dans l'espace (par exemple, mouvement et changement) et le temps. Notre architecture permet d'avoir une communication et une vie qui est fonction du degré d'implication des entités. Le changement dans les équipements, les applications et même les entités (quand ils prennent un sens) ne terminera pas la communication.

La figure II.4.1 montre le paradigme de communication CLOAK. Dans le but de connecter les entités, applications et équipements, CLOAK introduit l'utilisation d'une session. Une session est un descripteur qui maintient toutes les liaisons dont ont besoin les entités, les applications et l'ensemble des équipements de façon flexible. Une session peut être vue comme un container stockant l'identité et la gestion de l'information d'une communication donnée. Ainsi, la durée de vie d'une communication entre plusieurs entités est égale à la durée de vie de sa session. Tel que montré dans la figure II.4.1, un équipement peut se mouvoir ou être changé par d'autres sans terminer la session. De façon similaire une application peut être changée par un autre s'il est jugé approprié ou même mouvoir sans terminer la session. Finalement, les entités peuvent se mouvoir aussi sans terminer la session. Nous pouvons voir que dans notre nouvelle architecture, les entités, applications et équipements sont approximativement liés ensemble (par exemple, représenté par les flèches jaunes dans la figure II.4.1 durant une communication et tous les mouvements ou changements d'équipements, d'applications et d'entités sont supportés. Notons que dans la figure II.4.1, seulement une instance de chaque partie (équipement, application, entité) d'une communication est montrée, d'autres instances pourront obéir au même schéma.

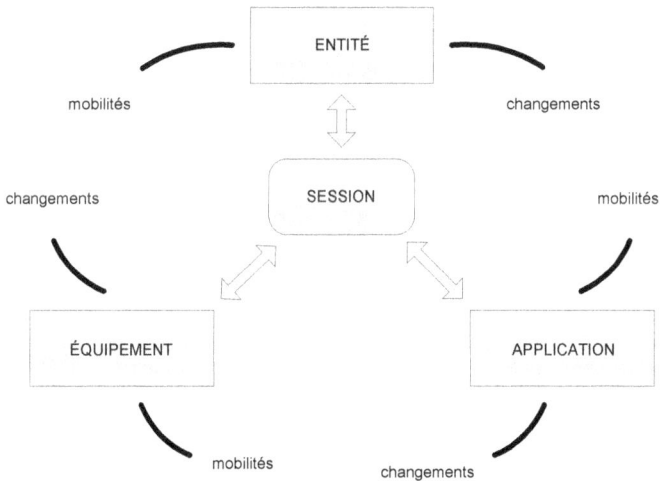

FIGURE II.4.1 – Paradigme de la communication dans CLOAK.

4.3.2 Opération

Dans le but de fournir les caractéristiques mentionnées ci-dessus, notre architecture établit et maintient un réseau *overlay* P2P. Tous les équipements qui souhaitent partager les ressources dans le but de bénéficier de l'architecture se joignent pour former l'*overlay*. La figure II.4.2 montre un exemple d'*overlay* avec les liens montrés en pointillés rouges. L'équipement (par exemple, *end-host*) se connecte aux autres par la création de liens virtuels (par exemple, couche de connexions transport). Les équipements avec deux ou plusieurs liens jouent le rôle de routeurs *overlay*. Nous permettons au réseau *overlay* de se construire sans contrainte. Les équipements réseaux peuvent se connecter arbitrairement aux autres et joindre ou quitter le réseau P2P à tout moment.

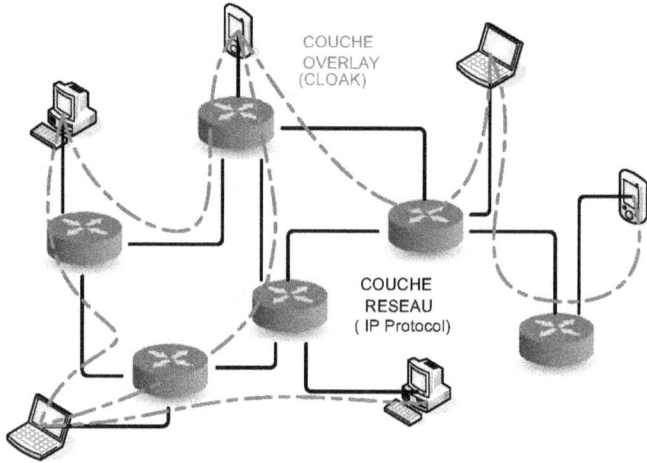

FIGURE II.4.2 –   Réseau *overlay*.

Au moment de joindre l'*overlay*, chaque équipement obtient une adresse *overlay* unique. Les méthodes pour l'adressage des pairs et le routage des paquets à l'intérieur de l'*overlay* sont basées sur les travaux de Kleinberg[46] qui assigne des adresses égales aux coordonnées adéquatement prises dans le plan hyperbolique (représenté par le disque ouvert de rayon unité). Cette méthode crée un algorithme glouton d'un arbre d'adressage sur le réseau *overlay*. Cet arbre d'adressage est un arbre régulier de degré k. Cependant, dans la proposition de Kleinberg, la construction de l'algorithme exige une parfaite connaissance de la topologie du graphe qui est aussi considérée statique. Ceci est exigé comme le degré k de l'arbre d'adressage est égal au plus haut degré trouvé dans le réseau. Nous avons étendu sa proposition dans le but de pouvoir prendre en compte une topologie dynamique capable de croître et de se retracir au cours du temps. En effet, comme nous organisons un réseau *overlay*, nous sommes capables de placer le degré k de l'arbre d'adressage à une valeur arbitraire et comme telle, nous sommes capables d'éviter la découverte du plus haut degré du nœud. Cette spécificité rend notre méthode scalable parce qu'à la différence de [46], nous n'avons pas affaire à un algorithme passant sur l'ensemble du réseau pour trouver le plus haut degré. Le degré fixé que nous choisissons détermine combien d'adresses chaque pair sera capable de donner. Le degré de l'arbre d'adressage est alors fixé à la création de l'*overlay* pour toute sa durée de vie. Dans l'*overlay* cependant, un pair peut se connecter à au moins un autre pair à chaque fois dans le but d'obtenir une adresse ainsi le choix du degré n'empêche pas l'*overlay* de grossir. Ces adresses hyperboliques permettent l'utilisation du routage glouton basé sur la métrique de distance hyperbolique qui est garantie dans les travaux. Ainsi, seules les adresses des voisins du pair ont besoin de transmettre un message à destination. Ceci est hautement scalable vu que le pair n'a pas besoin de construire et de maintenir des tables de routage. Notre méthode dynamique est pleinement décrite dans nos travaux antérieurs [14].

Dans le but de s'organiser, la structure DHT (*Distributed Hash Tables* en anglais) à besoin dans notre architecture d'être située au-dessus du réseau P2P *overlay*, nous avons seulement besoin d'ajouter une fonction de mappage entre l'espace de clés et l'espace d'adressage des pairs. Quand un pair veut stocker une entrée dans la DHT, il crée premièrement une clé de longueur fixe en hachant la chaîne clé avec l'algorithme SHA-1. Alors, le pair convertit la clé en angle par une transformation linéaire. Le pair calcule un point virtuel sur le cercle d'unité en utilisant l'angle. Par la suite, le pair détermine les coordonnées du pair le plus proche du point virtuel calculé. Le pair alors envoie une requête de stockage à ce plus proche pair. Cette requête est routée à l'intérieur de l'*overlay* en utilisant l'algorithme du routage glouton déjà présenté.

Avec l'adressage, le routage et les services de mappage fournis par notre architecture, chaque utilisateur/entité du réseau *overlay* peut communiquer avec chacun des autres par l'organisation d'une connexion virtuelle au-dessus de l'*overlay*. Les étapes pour l'établissement d'une communication entre deux entités d'un *overlay* sont les suivants :

i). Le *bootstrap* dans l'*overlay* est le premier à organiser la couche de connexion transport avec un ou plusieurs équipements (par exemple, pairs voisins) ;

ii). Il obtient une adresse *overlay* d'un de ses pairs voisins ;

iii). Il s'identifie dans l'*overlay* avec un équipement et une entité unique ;

iv). Il crée une session ;

v). Il invite dans cette session une autre entité à communiquer avec elle ;

vi). Il place une couche virtuelle de connexion de cette entité comme le montre la figure II.4.3 ;

vii). Il envoie le flux de données à travers cette connexion ;

viii). Il maintien les connexions virtuelles même en cas de pannes de liens physiques (cf. figure II.4.3).

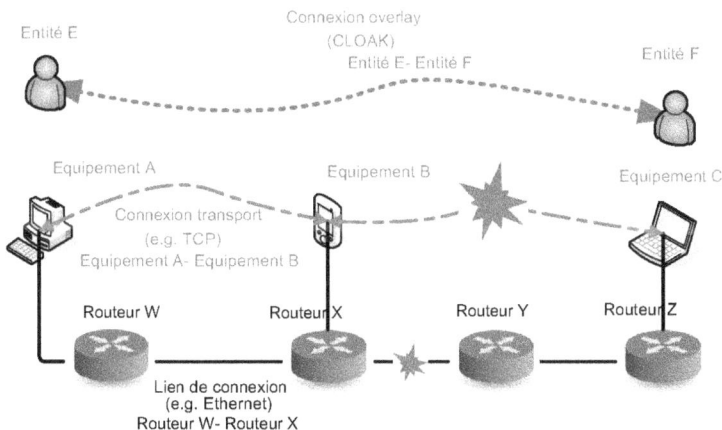

FIGURE II.4.3 –   connexions virtuelles.

Pour être en mesure d'implémenter notre architecture, nous avons besoin d'introduire plusieurs nouveaux types d'identifiants. Plus spécifiquement, nous avons besoin de définir les nouveaux espaces de nommages suivants :

- **L'espace de nommage de la session** : à chaque session devrait être associée un unique identifiant qui définit la session durant sa durée de vie dans l'*overlay* ;
- **L'espace de nommage de l'équipement** : à chaque équipement devrait être associé un unique identifiant qui représente en permanence l'équipement. La durée de vie de cet identifiant devrait être aussi longue que la durée de vie de l'équipement qui lui correspond ;
- **L'espace de nommage de l'entité** : à chaque entité devrait être associée un unique identifiant qui représente l'entité dans un contexte donné. Ceci peut être le nom d'une personne réelle (John Smith), mais il pourrait être aussi l'identifiant d'une fonction professionnelle (Gestionnaire de vente) ou le nom d'une organisation (Compagnie Michelin) ou un service spécifique (Service de comptabilité d'Areva). La durée de vie de cet identifiant devrait être aussi longue que la durée de vie de l'entité qui lui correspond ;
- **L'espace de nom de l'application** : à chaque application utilisée durant une partie où toute la session devrait être associée un unique identifiant qui lui permet de recevoir des données des autres applications de cette session. La durée de vie de cet identifiant devrait être égale à la durée de vie de l'utilisation de l'application. Si l'entité change une autre application, cet identifiant devrait être mis à jour.

L'identifiant sera stocké dans une DHT construite sur le réseau *overlay* P2P. Chaque pair stockera une fraction de tous les enregistrements dans son module de nommage. Il sera enregistré pour l'équipement (contenant des pairs comme : l'ID de l'entité - l'ID de l'équipement), pour les entités (contenant des pairs comme : l'ID de l'application - l'ID de la session) et finalement pour les sessions (contenant des pairs comme : l'ID de session - l'information de la session de données). Une application utilisant CLOAK n'ouvrira pas directement une connexion avec une adresse IP et un numéro de port comme l'API des sockets habituels, il utilisera l'ID de l'entité de destination aussi bien que l'ID du flux. La figure II.4.4 montre un scénario typique sur lequel repose le système de nommage pour la résolution de la localisation de l'entité. L'ovale jaune représente la DHT CLOAK. Une entité B s'enregistre dans la DHT en fournissant l'identifiant de l'équipement et son adresse dans l'*overlay*. Chaque entité A peut maintenant retrouver la localisation de B en interrogeant la DHT. Il peut alors se connecter à B via l'*overlay*. Quand B passe à un autre équipement durant la même session, A peut se reconnecter à B en utilisant sa nouvelle adresse *overlay*.

Tel que défini avant, une session est un contexte de communication stockant toutes les informations nécessaires au lieu de l'ensemble des entités, des applications et des équipements qui sont impliqués dans une communication donnée. Chaque équipement, application ou entité peut être changé ou se déplacer sans terminer la session. Dans le but de rendre ceci possible, la session serait stockée dans la DHT construit par les pairs du réseau *overlay*. La DHT assurera la fiabilité par la redondance du stockage des sessions sur plusieurs pairs. Ce système de management de session permettra la survie de la session jusqu'à ce que toutes les entités impliquées soient stoppées. La figure II.4.5, montre un scénario typique supportant le système de gestion de session. L'ovale jaune représente la DHT CLOAK. Supposons qu'une entité A veut démarrer une communication en vidéo-conférence avec une entité B. Il crée premièrement une session appelée X décrivant l'interaction désirée (par exemple, vidéo-conférence) aussi bien la destination de l'entité avec laquelle elle veut communiquer (ici l'entité B). Alors que A envoie un message d'invitation à B qui répond en joignant la session X. Par la suite, l'entité B invite une autre entité C à participer à la vidéo-conférence. C accepte et joint la session X. Trois entités sont maintenant impliquées dans la session X. Après l'entité A quitte la session X permettant aux autres de continuer. Cela ne met pas ainsi fin à la session X. Après l'entité C quitte la session X. L'entité B étant la dernière impliquée décide de détruire la session et ainsi mettre fin à la communication.

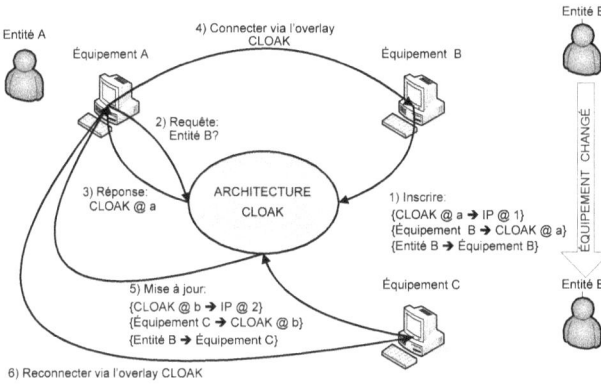

FIGURE II.4.4 –   Identification et localisation.

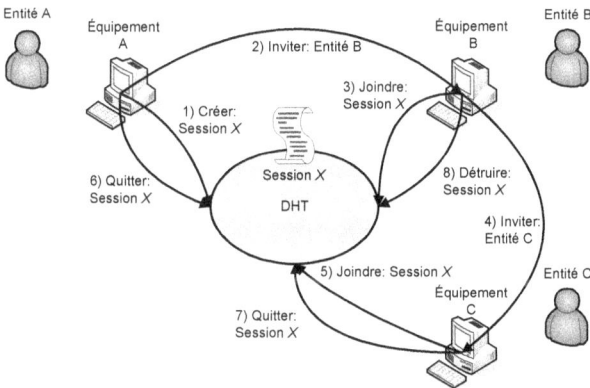

FIGURE II.4.5 –   Gestion de la session.

Type d'application	Message	Conférence	Partage	Streaming
Portabilité	√			
Mobilité		√		√
E2E privacy	√	√		
Authentification E2E	√	√		
Anonymat			√	√
Redirection	√		√	√
Multicasting		√	√	√

Table II.4.1 – Caractéristiques des applications CLOAK

4.3.3 Utilisation

Notre architecture fournit des mécanismes pour les applications mobiles et commutables, pour le protocole de transport adaptatif commutant et permet la définition et l'utilisation de nouveaux espaces de noms. Ils peuvent construire un réseau privé virtuel scalable et fiable, définir complètement des réseaux d'amis à amis isolés, servir de couche d'anonymat pour des *darknets* ou être utilisés comme une couche de convergence pour IPv4, NATs et IPv6. La table II.4.1 montre l'avantage des applications *cloakée*. Les applications sont groupées par familles : des applications de messageries contiennent des programmes pour e-mails, appels et chats. Des applications de conférences regroupent des communications audio et vidéo en temps réel basées sur les protocoles tels que SIP et H323. Des applications de partages couvrant le partage de fichiers, le bloggage et les applications de réseaux sociaux. Finalement, des applications de *streaming* contenant des services de *broadcasting* audio et vidéo tels que la radio sur Internet, IPTV et VoD. La plupart des caractéristiques sont d'habitude auto-expliquant, mais, nous donnons maintenant quelques exemples marquant des scénarios possibles. La portabilité est la capacité de porté sur n'importe quel équipement, l'utilisateur courant. Quand quelqu'un envoi un message à une entité, la DHT CLOAK peut-être utilisée dynamiquement pour déterminer sur quel équipement est l'entité et le message est routé à l'équipement en question. La mobilité est la capacité de CLOAK de cacher les *handovers* des basses couches des applications. Si une entité est en mouvement ou que des équipements commutent, des applications temps réel seraient maintenues sans interruption au niveau de l'application. CLOAK garantit la sécurité par l'utilisation des IDs des entités, ainsi qu'en établissant le mécanisme de bout en bout (*End-to-End ou E2E* en anglais) et l'authentification. Parce que les paquets CLOAK transitent habituellement vers plusieurs terminaux avant d'atteindre la destination, l'adresse IP de la source est souvent inconnue à la destination et fournit ainsi l'anonymat. La redirection est la capacité de transmettre un message ou un flux à une autre entité. Finalement, le support *multicast* est fourni par CLOAK comme des groupes d'adresses pouvant être facilement organisés dans la DHT. Cette caractéristique est utile pour la sauvegarde de la bande passante durant un ensemble de communications.

4.3.4 Implémentation

La figure II.4.6 montre les couches OSI qui concerne l'architecture CLOAK. CLOAK utilise la couche session et la couche présentation entre les couches transport et application. Ces couches n'existent pas dans le modèle en pile de l'Internet, mais ils existent déjà dans le modèle OSI. Dans ces deux couches, nous ajoutons deux nouveaux protocoles. Nous ajoutons un protocole session de CLOAK (CSP) à la couche session et un protocole d'interaction de CLOAK (CIP) à la couche présentation. Nous définissons aussi, de nouveaux identifiants pour ces nouveaux protocoles. Ces nouveaux identifiants permettent aux flux de données d'être liés par des identifiants virtuels au lieu des identifiants des réseaux typiques (par exemple, l'adresse IP, le numéro du protocole, le numéro du port) qui est maintenant capable de changer sans interruption de la communication. La figure II.4.1 montre aussi, des identifiants d'équipements, d'applications et d'entités entremêlés ensemble à l'intérieur d'une session, mais dans un but d'implémentation, nous allons les organiser. Nous choisissons de gérer une session et ses équipements impliqués à la couche session. Nous choisissons aussi, de gérer les interactions entre entités à la couche présentation. Tel qu'indiqué précédemment, une interaction est un type d'action mettant en relation deux ou plusieurs entités. Il est égal à l'utilisation d'un protocole de couche application existante (FTP, SMTP, HTTP. etc). En effet, dans notre architecture il existe autant de protocoles de la couche application que de protocoles de la couche transport.

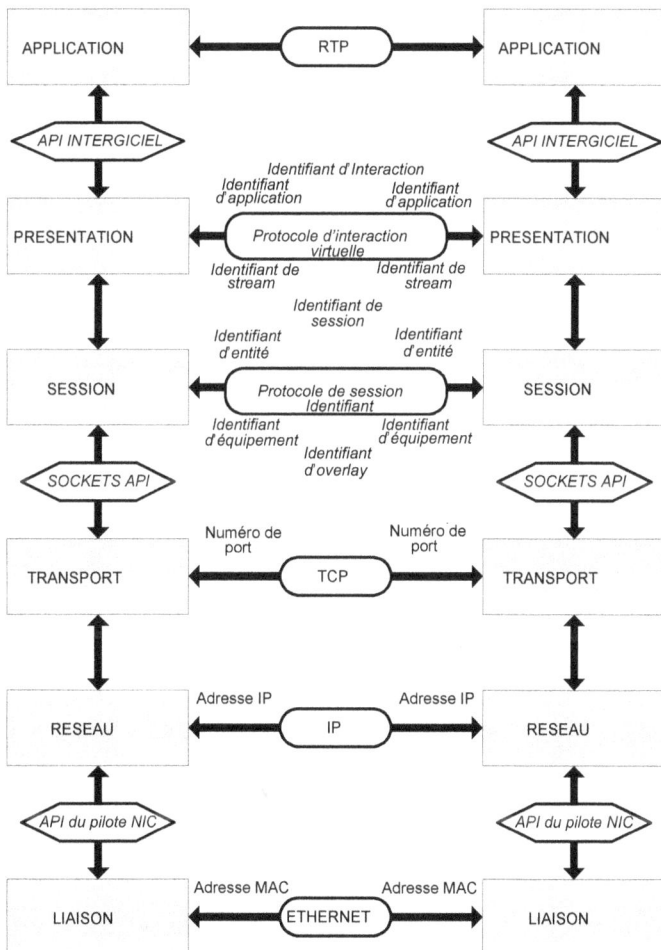

FIGURE II.4.6 –   Architecture CLOAK dans le modèle OSI.

Ainsi, un transfert de fichier (FTP [109]) de l'application cliente utilisera encore le protocole FTP pour communiquer avec un serveur FTP. Seulement la portion de code pour l'établissement

Entête ETHERNET	Entête IP	Entête TCP	Entête CSP	Entête CIP	Entête HTTP	Données payload	Postambule ETHERNET

Source Overlay @	Destination Overlay @	ID Overlay		Source ID Stream	Destination ID Stream	ID Interaction
Source ID Équipement	Destination ID Équipement	ID Session		Source ID Appli	Destination ID Appli	Etc.
Source ID Entité	Destination ID Entité	Etc.				

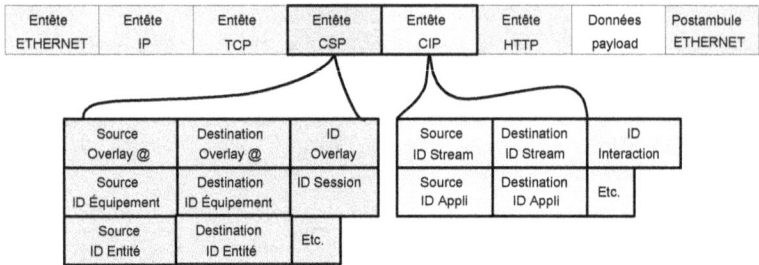

FIGURE II.4.7 –   Encapsulation du protocole CLOAK.

d'une session et ainsi d'une connexion au serveur aura été réécrit pour l'utilisation de l'API CLOAK au lieu de l'API socket[113]. Le code implémentant le protocole de la couche application n'aura pas à être changé, il faut noter que l'API CLOAK et l'application de mappage des sockets de connexions transport à l'intérieur du *middleware* ne sont pas encore définies. Il sera présenté dans les futurs travaux.

Nous avons montré dans la figure II.4.6 comment l'architecture CLOAK prend source dans la pile de protocoles réseau. Nous montrerons maintenant comment ce modèle est traduit dans le format d'entêtes de paquet. La figure II.4.7 montre qu'un paquet CLOAK est échangé entre un client web et un serveur web. L'entête de l'application impliquant le protocole HTTP est maintenant localisé après les entêtes de CLOAK. Nous avons ajouté deux entêtes additionnels. L'entête CSP est localisé directement au-dessus du protocole TCP manageant la connexion dans le système d'exploitation de l'équipement. Il maintient les adresses de l'*overlay* pour le routage à l'intérieur de l'*overlay* et permet la mobilité de l'équipement, les identifiants de l'équipement pour la commutation des équipements ainsi que la mobilité de l'entité et les identifiants de l'entité pour la commutation des entités. L'entête CIP est localisé entre le CSP et l'entête au niveau application. Il est utilisé pour les *streams* et les applications. L'identifiant de *stream* permet la numérotation du port virtuel au-dessus de l'entité. Les identifiants d'applications permettent la sélection ou la commutation des applications quand il y a un sens dans la communication.

La définition et l'implémentation des protocoles additionnels de CLOAK (CSP et CIP) et leurs entêtes correspondants permettent à notre architecture de résoudre les problèmes de la NAT parce que les applications utilisant CLOAK n'utiliseront pas d'adresses IP et des numéros de port pour l'organisation et la gestion des connexions. Ils utiliseront l'unique identifiant d'entité permanent, ainsi en restaurant le principe de bout en bout des communications Internet. L'architecture CLOAK résoudra aussi les problèmes de *firewall* parce que chaque type et chaque numéro de la couche des connexions transport peuvent être utilisés pour se connecter à l'*overlay* CLOAK. Une connexion à la couche de transport peut agir comme un tunnel de multiplexage pour les applications utilisant CLOAK. Ainsi, sur un équipement donné, l'application peut même utiliser seulement un unique port et un unique protocole de transport si ceci est exigé par le *firewall* de l'équipement. En effet, un paquet CLOAK a un champ ID de session et deux champs ID d'application qui permettent à de nombreuses applications d'être multiplexé sur une connexion transport unique si nécessaire. CLOAK aussi, résout les problèmes de sécurité parce que les protocoles de sécurité peuvent créer des associations de sécurité par l'utilisation d'identifiants d'entités au lieu d'adresses IP. La sécurité se présente alors comme un modèle indépendant des équipements et des applications impliquées.

La figure II.4.8 montre les modules constitutifs du *middleware* CLOAK. Nous pouvons voir

que plusieurs de ces éléments permettent le fonctionnement de l'architecture CLOAK. Le fonctionnement fourni par chaque module est brièvement décrit en dessous :
- **Le _bootstrap_** : des primitives pour la création d'un pair ou permettant à un pair de joindre l'_overlay_ ;
- **Le lien (_Link_ en anglais)** : des primitives pour le management des liens de l'_overlay_ (par exemple, la couche transport de connexions) avec les pairs voisins ;
- **L'adresse** : des primitives pour obtenir une adresse _overlay_ d'un arbre d'adressage fils ;
- **La route** : des primitives pour le routage glouton des paquets de l'_overlay_ avec la métrique de distance hyperbolique ;
- **La direction (_Steer_ en anglais)** : des primitives pour le routage des paquets de l'_overlay_ par l'utilisation de leur équipement ou identifiant d'entité pour mettre à jour l'adresse de destination de l'_overlay_ ;
- **La connexion** : des primitives pour l'établissement et la gestion des connexions _overlay_ virtuelles(par exemple, La couche CLOAK des connexions) aux autres entités ;
- **Le _Bind_** : des primitives pour l'interrogation de la DHT de l'_overlay_ ;
- **Le nom** : des primitives pour la gestion des identifiants utilisés par le pair ;
- **L'interaction** : des primitives pour la gestion des liens entre les flux de données et les applications.

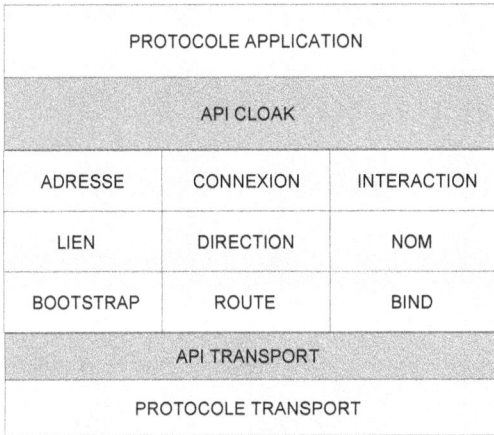

	PROTOCOLE APPLICATION	
	API CLOAK	
ADRESSE	CONNEXION	INTERACTION
LIEN	DIRECTION	NOM
BOOTSTRAP	ROUTE	BIND
	API TRANSPORT	
	PROTOCOLE TRANSPORT	

FIGURE II.4.8 — Les modules du middleware.

4.4 Conclusion

Dans ce chapitre, nous avons présenté une nouvelle architecture appelée CLOAK, modélisée pour fournir une flexibilité à la communication dans l'Internet par l'utilisation de connexions virtuelles placées au-dessus d'un réseau _overlay_. Cette architecture sera implémentée comme un protocole s'exécutant au-dessus du protocole de transport de l'équipement. Les équipements utilisant le middleware CLOAK pourront librement s'interconnecter les uns aux autres et ainsi, formerons un réseau _overlay_ P2P dynamique. Cet _overlay_ permettra aux applications de maintenir leurs communications même si la couche de connexion transport sont sujets à échecs. Le middleware pourra restaurer de façon transparente les connexions sans interrompre les applications. L'architecture en donnant des identifiants aux utilisateurs et équipements, fournira la flexibilité, la sécurité et la mobilité aux applications malgré les changements de l'adresse IP subis par l'équipement. Nous implémentons l'adressage de l'*overlay* ainsi que la partie routage aussi bien pour la partie DHT de notre middleware dans un simulateur et les résultats préliminaires sont encourageants. Nos travaux futurs auront pour but de définir l'API CLOAK, en implémentant le middleware comme une librairie, en modifiant la pertinence des applications teste (telle que les applications de *streaming* vidéo) et le testant sur notre plateforme virtualisée pour mesurer l'impact sur le *pipeline* de la couche de transport créée par le réseau P2P *overlay*.

Chapitre 5

Mise en œuvre et évaluation préliminaire de CLOAK

5.1 Introduction

Le routage dans l'Internet est basé sur la table de routage composée par des blocs d'adresses IP. Cependant, la construction et la maintenance de telles tables requièrent d'utiliser des protocoles de routage complexes qui sont typiquement non scalables en matière de mémoire et d'utilisation CPU. De plus, l'expérience montre que le plan adressage IP est insuffisant du fait que la sémantique d'une adresse IP est à la fois un identifiant et un localisateur. Plusieurs efforts sont couramment entrepris pour définir un nouveau schéma de routage qui utilise seulement l'information locale telle que les adresses des nœuds voisins.

Dans le but de tester ces nouvelles idées et systèmes, le réseau *overlay* construit au-dessus de la couche de connexions transport (par exemple TCP ou UDP) sont une véritable solution convenable. Basé sur un paradigme pair-à-pair, chaque nœud *overlay* (typiquement une adresse

IP nœud terminal) exécute le même code et participe au propre fonctionnement de l'*overlay*. Ainsi, les *overlays* peuvent facilement être déployés et modifiés, comme l'utilisateur a le plein contrôle des nœuds (par opposition au routeur IP contrôlé seulement par l'opérateur).

Ces dernières années, beaucoup de nouveaux modèles de routage ont émergé pour résoudre plus efficacement le problème du routage dans les graphes. L'idée de l'utilisation de l'information de localisation de nœud (par exemple position géographique ou géométrique dans un espace) dans le but d'envoyer des messages a été proposé dans de nombreux papiers. Dans ce chapitre, nous proposons un système *overlay* P2P utilisant des coordonnées virtuelles prises dans le plan hyperbolique. La transmission des paquets à l'intérieur de l'*overlay* ainsi requiert un adressage dédié et un modèle de routage. Nous laissons les nœuds se connecter arbitrairement les uns aux autres ce qui conduit l'*overlay* à avoir une topologie libre. Dans la suite du chapitre, nous donnerons premièrement un aperçu sur les propriétés du plan hyperbolique dans le modèle du disque de **Poincaré** et nous montrerons ses limites. Nous définirons l'architecture de notre système *overlay* aussi bien du point de vue de l'algorithme d'adressage que de l'algorithme de routage. Nous présenterons quelques résultats préliminaires concernant le plan d'adressage et de routage aussi bien dans un contexte statique que dynamique.

5.2 Généralités

Ces dernières années, beaucoup de nouveaux modèles de routage ont émergé pour résoudre efficacement le problème dans un graphe. Nous nous inspirons du concept déjà connu qui consiste en l'utilisation de l'information de la localisation du nœud (par exemple position géographique ou géométrique dans un espace) dans le but de transmettre des messages. Cependant, dans ce chapitre, nous proposons une mise en œuvre et une évaluation d'un nouvel algorithme pour assigner à des nœuds un couple de coordonnées virtuelles pris dans l'espace géométrique. Un avantage de cette approche est de fournir une métrique de la distance mathématique (la distance hyperbolique entre deux nœuds).

5.2.1 Routage glouton

La plupart des routages distribués supporte la solution des algorithmes gloutons [70][46]. Les plus simples des techniques de routage sont gloutonnes, dans le sens où les nœuds transmettent des messages aux voisins qui sont les plus proches de la destination. Par la suite, on peut définir un plongement (en anglais *embedding*) comme une intégration de graphe dans un espace métrique. À savoir un espace où la notion de distance entre éléments est défini. Finalement, une implantation est gloutonne, si et seulement si un routage glouton est toujours à succès (par exemple, l'inégalité triangulaire est respectée). La notion d'implantation gloutonne de graphes est défini par Papadimitriou et Ratajczak [66] et étendu par R. Kleinberg [46] qui prouve que n'importe quel graphe fini connecté s'implante de façon gloutonne au moins dans le plan hyperbolique. De plus, on peut facilement intégrer un graphe de façon gloutonne dans le plan hyperbolique par la création d'un arbre d'extension du graphe. Cependant, le fait d'être glouton peut être mauvais s'il existe un nœud qui est plus proche de la destination que tous ses autres voisins sans être sa destination. Ce nœud est appelé un minimum local et le paquet n'atteindra pas la destination. C'est pourquoi, dans les solutions existantes, le graphe est modifié en sous-graphe, une autre approche est de trouver un espace métrique adéquat pour éviter ce problème tel que proposé par [60] et [33]. Cependant, toutes ses deux propositions sont complexes dans un contexte distribué. En particulier, cet aspect n'est ni développé ni évalué dans leur papier.

5.2.2 Modélisation d'Internet

D'autres approches utilisent l'espace hyperbolique pour construire un modèle de réseau dans le but de réaliser des simulations. Les auteurs de [47] développent un modèle de réseau qui produit des graphes avec une distribution de loi puissance pour le degré du nœud, ou la probabilité de connexion est fonction de la distance hyperbolique entre les nœuds. Il montre que la distribution du degré du nœud est une conséquence de la courbure négative dudit espace, particulièrement l'espace hyperbolique. L'avantage de leur solution est d'être proche de la topologie **AS**. Cependant, il y a des contraintes dans leur approche : (i) le réseau étudié est petit (par exemple 10k), (ii) le réseau modelé n'est pas sans minimum local, et (iii) leur soi-disant algorithme est consommateur de mémoire. D'autres solutions comme [28] et [45] fournissent un modèle qui permet de considérer des réseaux proches de la réalité. Cependant, malheureusement, leurs approches sont focalisées sur une description théorique. Pour rompre avec le travail de Kleinberg[46], nous utilisons le plan hyperbolique comme notre espace de métrique. Ce choix est motivé par les spécificités de cette métrique : (i) il croît exponentiellement et, (ii) il fournit sa propre métrique de distance. De plus, nous améliorons l'approche de Kleinberg dans le but de considérer des réseaux beaucoup plus grands. En particulier, nous surmontons deux inconvénients majeurs. Dans notre solution, une pleine connaissance de la topologie du graphe n'est pas exigée et le graphe n'est pas statique et peut à la fois croître et décroître dans le temps.

5.2.3 Mappage du nom

En 1997, Plaxton, Rajaraman et Richa ont proposé une architecture hypercube pour leur système P2P. Ceci était un démarrage de beaucoup de propositions appelé architecture P2P structurée, telle que Chord, CAN, Pastry, Tapestry, Viceroy, Kademlia, Koorde, etc. Un détail de l'état de l'art de ces solutions peut être trouvé dans la première partie de ce document ou dans [54]. Principalement une architecture P2P structurée est basée sur le concept de DHT et peut-être divisée en trois composantes :
- L'application utilisant la DHT[103][92][97][101] ;
- La table de hachage distribuée ;
- Le routage à base de clé (*Key based Routing ou KBR* en anglais)[110].

Aussi, nous avons déjà la couche de routage gloutonne basée sur des coordonnées virtuelles dans le plan hyperbolique, nous avons seulement besoin de définir un mappage de noms (considérés comme clés) en coordonnées hyperboliques (considérées comme adresses). Nous pouvons alors utiliser des éléments pour construire un système KBR pour le stockage de noms en adresses qui fournit la flexibilité aux communications entre chaque membre nœuds, tel qu'expliqué dans [12].

5.3 Utilisation pratique de la géométrie hyperbolique

Dans cette section, nous rappelons quelques faits à propos de la géométrie hyperbolique. La géométrie hyperbolique est similaire à la géométrie Euclidienne sur plusieurs points. Il a le concept de distances et d'angles et il y a beaucoup de théorèmes en commun. Le plus simple espace hyperbolique est le plan hyperbolique (il a deux dimensions) $\mathbb{H}^2$ de rayon de courbure -1 par opposition au plan Euclidien qui n'a pas de courbure. Le modèle que nous utilisons pour représenter le plan hyperbolique s'appelle modèle du disque de Poincaré. Dans ce modèle, nous nous référons aux points en utilisant des coordonnées complexes. Nous pouvons trouver dans la littérature, toutes les informations nécessaires pour comprendre le plan hyperbolique [9][46][47].

5.3.1 Pavage du plan hyperbolique

Une propriété élémentaire de l'espace Euclidien est l'impossibilité de créer plus de deux demi-plans sans qu'ils s'intersectent. Notre implantation est basée sur la géométrie du plan hyperbolique qui permet de créer différents domaines appelés demi-plans. tel qu'expliqué dans [63], dans le plan hyperbolique, nous pouvons créer n demi-espaces tous disjoint quel que soit n. Cette propriété est la base de notre algorithme d'implantation (les lignes rouges dans la figure II.5.1). Une autre importante propriété est que nous pouvons paver le plan hyperbolique avec des polygones de tailles quelconques, appelé p-gons. Chaque pavé est représenté par une notation de la forme {p, q} où chaque polygone a p faces avec q d'entre eux à chaque sommet. Cette forme est appelé un symbole de *schläfli*. Il existe un pavé hyperbolique {p, q} obéissant à $(p-2) * (q-2) > 4$. Dans un pavage, p est le nombre de faces des polygones *primaux* (les bords noirs et sommets verts dans la figure II.5.1) et q est le nombre de faces des polygones *duals* (les triangles rouges dans la figure II.5.1).

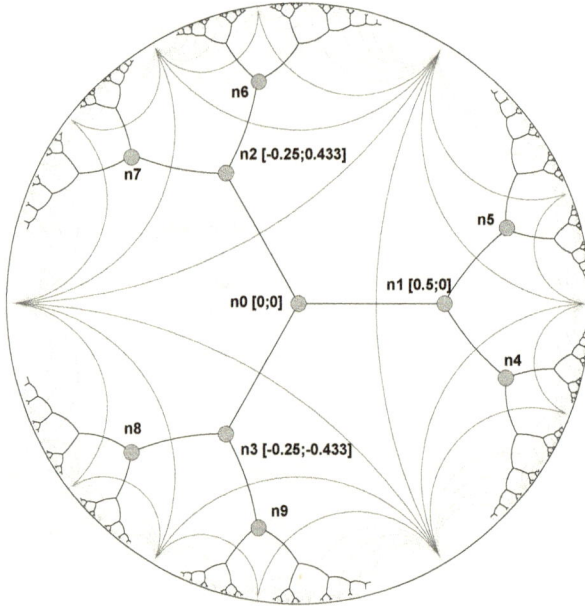

FIGURE II.5.1 –   Arbre régulier d'ordre trois.

Notre proposition est de partitionner le plan et adresse de chaque nœud uniquement. Nous plaçons p à l'infini en transformant le primal en un arbre régulier de degré q. Le *dual* est alors découpé avec un nombre infini de q-gons. Ce pavage particulier découpe le plan hyperbolique en espaces distincts et construit notre arbre hyperbolique. Un exemple d'un tel arbre hyperbolique avec $q=3$ est montré dans la figure II.5.1.

Dans le modèle du disque de Poincaré, la distance entre n'importe quels points z et w est donnée par une courbe qui minimise la distance entre ces deux points et est appelé un *geodesic* du plan hyperbolique. Calculer la longueur d'un *geodesic* entre deux points z et w et ainsi obtenir leur distance hyperbolique $d_\mathbb{H}$ nous utilisons la métrique de Poincaré qui est une isométrie invariante :

$$d_\mathbb{H}(z, w) = argcosh(1 + 2\delta) \qquad \text{(II.5.1)}$$

avec :

$$\delta = \frac{|z - w|^2}{(1 - |z|^2)(1 - |w|^2)} \qquad \text{(II.5.2)}$$

Pour plus de détails sur les métriques du modèle de disque de Poincaré, nous référons les lecteurs à la preuve dans [9]. La distance hyperbolique $d_\mathbb{H}(z, w)$ est additive selon des *geodesics* et est une métrique Riemannienne. Les auteurs de [9] font l'esquisse d'une propriété importante pour le routage glouton : L'inégalité stricte dans l'inégalité triangulaire.

Dans la perspective théorique, le plan hyperbolique est illimité. Cependant, réaliser des mesures est nécessaire pour utiliser une représentation modélée de ce plan et définir un seuil de précision pour les calculs.

5.3.2 Problème de précision

Une propriété du modèle de disque de Poincaré induit en erreur : les distances ne sont pas préservées. Si nous observons le modèle d'un point de vue extérieur, la distance est plus petite que dans la réalité (par exemple à l'intérieur du plan). Parce que le modèle est une représentation du plan hyperbolique dans le plan Euclidien. En effet, les points les plus proches de la bordure du cercle sont en réalité plus loin. Le plan hyperbolique a une bordure du cercle à l'infini représenté par le modèle du disque de Poincaré (par exemple un disque d'unité ouvert) par un cercle de rayon 1 et centré à l'origine *P0*. Le disque d'unité ouvert centré à l'origine *P0* est un ensemble de points dont le module du complexe est inférieur à 1 : $|w| < 1$ avec $|w| = \sqrt{(w_{Re})^2 + (w_{Im})^2}$.

En pratique, une implantation d'un tel espace mathématique est contrainte par la précision de type flottant utilisée, typiquement *double*. C'est un problème de précision arithmétique, dans lequel nous atteignons le maximum permis par le calcul à virgule flottante. En effet, le calcul obéit au standard IEEE 754 qui détermine la représentation de virgule flottant binaire. L'arithmétique du point flottant peut être implémentée avec une variable de longueur signifiant qu'ils sont dimensionnés en fonction des besoins. Ceci est appelé l'arithmétique de précision arbitraire (en anglais *Arbitrary Precision Arithmetic ou APA*). Pour calculer avec une précision étendue, nous avons trouvé trois techniques de calcul : calcul avec arrondi (par exemple IEEE 754). Intervalle arithmétique et le modèle *RealRam*. Mais, nous devrons utiliser une librairie spécifique telle que la librairie du *Multiprecision complex MPC*. Comme la complexité de l'utilisation *APA* est importante et comme nous avons assez de capacité d'adressage par l'utilisation du standard de nombre à virgule flottante. Nous gardons une représentation des types *double*. Ainsi, deux points ne peuvent pas être plus proches que le minimum non zéro *double*. D'où le demi-espace minimum est l'espace qui peut contenir un point distinct. Cela apporte quelques inquiétudes pratiques :

- Comment déterminer le nombre maximal de sous espaces que nous pouvons créer pour assigner une coordonnée à un nœud ?
- Quelle est la densité maximale dans un sous-espace ?

Pour exécuter notre analyse pratique, nous procédons comme suit. Nous intégrons un arbre avec un degré de 32 et une profondeur de 32 dans le plan hyperbolique. Alors, nous assignons une adresse à chaque nœud. Nous montrons dans la figure II.5.2 l'intervalle entre le nombre d'adresses en théorie et en pratique. Nous plaçons la précision maximum à une valeur donnée et calculons les adresses. Nous faisons varier la précision maximum avec des chiffres significatifs évoluant de 6 à 12 (par exemple 10e-6 à 10e-12).

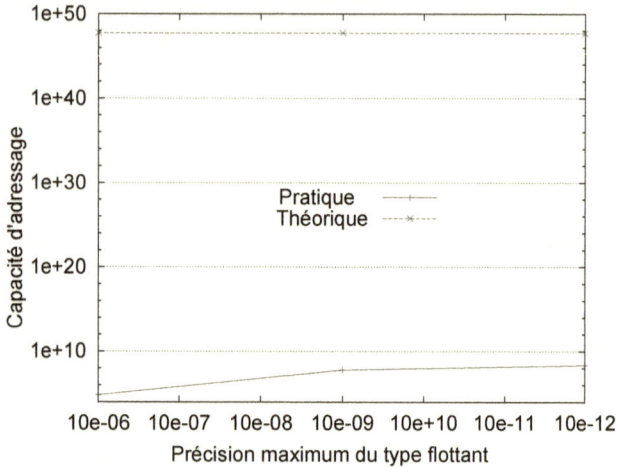

FIGURE II.5.2 –   Capacité d'adressage comme une fonction de seuil de précision.

Avec ses caractéristiques, la capacité d'adressage théorique est la même quelle que soit la précision à savoir maximum (tel que attendu). La capacité d'adressage augmente fortement entre une précision de 6 à 9 chiffres comparés à la transition de 9 à 12 chiffres lorsque plus de points disjoints apparaissent. De plus, nous avons observé qu'après 12 chiffres le nombre n'est plus significatif et nous observons un seuil ou la capacité d'adressage est égale à 2.246E+08. Ceci relève des limites matérielles et logicielles de notre machine faisant les calculs.

i). *Influence du degré :* pour analyser l'influence du degré sur la capacité d'adressage, nous utilisons une précision de 12 chiffres et un arbre de profondeur 32 sauts. Le degré de l'arbre évolue de 4 à 256. La figure II.5.3 montre que la capacité d'adressage théorique augmente linéairement en fonction du degré. Par opposition, la courbe *pratique* semble constante. En fait, nous montrons dans la figure II.5.4 qu'avec un degré supérieur à 32, le gain est faible comparé à l'ordre de magnitude observée en II.5.3. Finalement, pour un degré différent de 32, la capacité d'adressage reste proche de 2.246E+08. Nous continuons l'analyse du degré dans la section 5.6 avec un cas pratique.

ii). *Influence de la profondeur :* de la même façon, nous analysons l'influence de la profondeur sur la capacité d'adressage. La précision est le même que précédemment et le degré de l'arbre est fixé à 32. La profondeur de l'arbre varie de 4 à 32. Dans la figure II.5.5, l'augmentation de la capacité d'adressage théorique est exponentielle quand la profondeur augmente. Tel qu'attendu, ceci est égal aux caractéristiques normales de $\mathbb{H}^2$. D'un autre côté, en pratique, la capacité d'adressage atteint le seuil à 2.246E+08.

Le seuil est atteint avec seulement une profondeur de 8. En effet, la bordure du disque est rapidement atteinte. Nous rappelons que le pavage est construit avec un *q-gon* régulier, *q* est le nombre de faces du *q-gon*. Dans $\mathbb{H}^2$, quel que soit *q*, il existe une distance *d* dont les sous-espaces créés sont les paires disjointes (c-à-d les côtés du *q-gon* sont la tangente comme la ligne rouge dans la figure II.5.1).

Cette propriété est plus expliquée dans la section 5.4. À cause de cette distance et de la précision du type flottant (12 chiffres), les feuilles de l'arbre peuvent atteindre la bordure

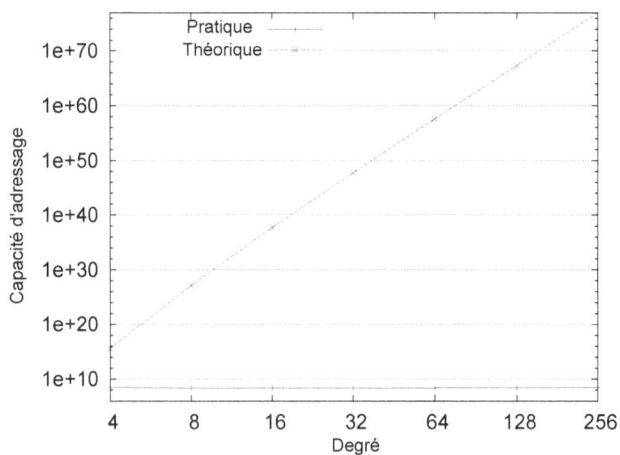

FIGURE II.5.3 –   Influence du degré sur le nombre d'adresses théorique.

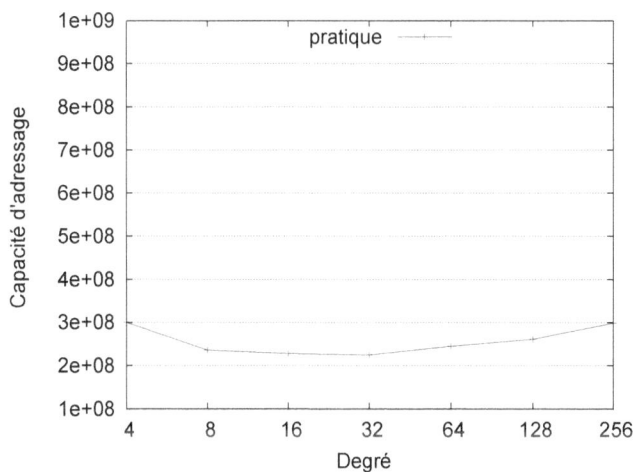

FIGURE II.5.4 –   Influence du degré sur le nombre d'adresses pratique.

du disque après seulement 7 sauts (par exemple une profondeur de 7).

Le parfait ajustement du paramètre degré peut améliorer la capacité d'adressage, à savoir que nous pouvons placer q au degré de l'arbre que nous trouvons le plus confortable. Ceci est possible parce que nous créons un réseau *overlay*, nous pouvons avoir la liberté dans le positionnement des liens et ainsi, nous pouvons restreindre le degré de l'arbre d'adressage.

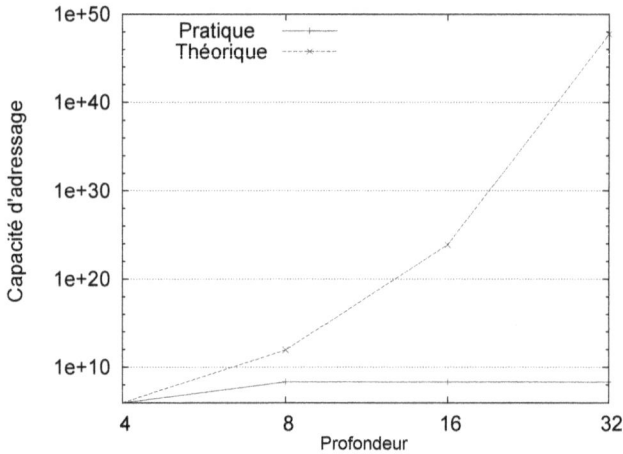

FIGURE II.5.5 –   Influence de la profondeur sur le nombre d'adresses.

5.4 Adressage et routage dans le plan hyperbolique

Nous expliquons maintenant comment nous créons l'arbre d'adressage hyperbolique et comment les paquets sont routés dans l'*overlay*. Nous proposons ici un algorithme de routage glouton hyperbolique dynamique et scalable pour des réseaux *overlay* à la dimension de l'Internet.

5.4.1 Création de l'arbre d'adressage

La première étape dans la création d'un *overlay* est de démarrer le premier pair et de choisir le degré de l'arbre d'adressage. Nous rappelons que les coordonnées hyperboliques (par exemple un nombre complexe) d'un nœud de l'arbre d'adressage sont utilisées comme l'adresse correspondant au pair dans l'*overlay*. Un nœud de l'arbre peut donner des adresses correspondant à ses fils dans l'arbre.

Le degré détermine combien d'adresses chaque pair sera capable de donner. Le degré de l'arbre est défini au commencement pour toute la durée de vie de l'*overlay*. L'*overlay* est alors construit incrémentalement, avec chaque pair joignant un ou plusieurs pairs existants. Au cours du temps, les pairs quitteront l'*overlay* jusqu'à ce qu'il n'y ait pas de pair à la fin dans l'*overlay*. Cette méthode est scalable par opposition à [46], notre algorithme ne permet pas de trouver le plus haut degré de l'ensemble du réseau. Aussi, dans notre *overlay*, un pair peut se connecter à un ou plusieurs autres à chaque instant dans le but d'obtenir une adresse.

La première étape est ainsi, de définir le degré de l'arbre parce qu'il permet la construction du *dual*, à savoir le *q-gon* régulier. Nous fixons la racine de l'arbre à l'origine du *primal* et nous commençons le pavage à l'origine du disque en fonction du *q*. Chaque découpage de l'espace dans le but de créer des sous-espaces disjoints est assuré que les demi-espaces sont tangent; d'où le *primal* est un arbre *q-régulier* infini. Nous utilisons l'arbre *q-régulier* infini théorique pour construire l'incrustation gloutonne de notre arbre *q-régulier*. Donc, le degré régulier de l'arbre est le nombre de faces du polygone utilisé pour construire le *dual* (voir figure II.5.1). En d'autres termes, l'espace est localisé pour les *q* pairs fils. Chaque pair répète le calcul pour son propre demi-espace. Dans le demi-espace, l'espace est encore alloué pour *q-1* fils. Chaque fils peut distribuer ses adresses dans ses demi-espaces. L'algorithme 1 montre comment calculer les adresses qui peuvent être données au fils du pair. Le premier pair prend l'adresse hyperbolique $(0\,;\,0)$ et est la racine de l'arbre. La racine peut assigner q adresses.

Algorithme 1: Calcule les coordonnées du fil d'un pair

```
CalcFilsCoords(pair, q) ;
begin
    pas ← argcosh(1/sin(π/q));
    angle ← 2π/q;
    FilsCoords ← pair.Coords;
    for i ← 1, q do
        FilsCoords.rotationGauche(angle);
        FilsCoords.translation(step);
        FilsCoords.rotationDroite(π);
        if FilsCoords ≠ pair.ParentCoords then
            StockFilsCoords(FilsCoords);
        end if
    end for
end
```

Cet algorithme distribué assure que les pairs sont contenus dans différents espaces et ont des coordonnées uniques. Toutes les étapes de l'algorithme 1 présenté sont appropriés pour la distribution et le calcul asynchrone. L'algorithme 1 permet l'assignation des adresses comme coordonnées dans les topologies dynamiques. La connaissance globale de l'*overlay* n'est pas nécessaire, un nouveau pair peut obtenir des coordonnées simplement en demandant à un pair existant d'être son père et de lui donner une adresse. Si le pair demandé a déjà donné toutes ses adresses, le nouveau pair doit demander une adresse à un autre pair existant. Quand un nouveau pair obtient une adresse, il calcule les adresses (par exemple, coordonnées hyperboliques) de ses futurs fils. L'arbre d'adressage est ainsi incrémentalement construit en même temps que l'*overlay*.

5.4.2 Routage à l'intérieur de l'*overlay*

Quand un nouveau pair est connecté à un pair à l'intérieur de l'*overlay* et a obtenu une adresse d'un de ses pairs, il peut démarrer la transmission des paquets. Envoyer des paquets à un pair destinataire, signifie que le pair doit connaître le nom de l'équipement de destination. Par transmission d'une requête à la DHT tel qu'expliqué dans la section 5.5, le pair retrouve l'adresse de l'équipement. Il peut alors envoyer les données au pair de destination par l'utilisation de l'adresse retrouvée. Le processus de routage est fait dans chaque pair sur le chemin (démarrage de l'envoyeur) par l'utilisation de l'algorithme glouton basé sur la distance hyperbolique entre les pairs. Quand un paquet est reçu par un pair, le pair calcule la distance de chaque voisin à la destination et transmet le paquet à son voisin qui est le plus proche de la destination. Si aucun voisin n'est plus proche que le pair lui-même, le paquet a atteint le minimum local et d'autres techniques expliqué dans la section 5.4.3 doivent être utilisés pour réussir le routage du paquet à destination. Sinon si aucune autre technique ne réussit, le paquet est détruit.

Algorithme 2: Routage d'un paquet dans le réseau logique

ProchainSaut(*pair*, *paquet*) **return** Pair ;
begin
    $w = paquet.destinationPairCoords$;
    $m = pair.coords$;
    $d_{min} = argcosh\left(1 + 2\frac{|m-w|^2}{(1-|m|^2)(1-|w|^2)}\right)$;

    $p_{min} = pair$;
    forall the *voisin* $\in$ *pair.voisin* **do**
        $n = voisin.Coords$;
        $d = argcosh\left(1 + 2\frac{|n-w|^2}{(1-|n|^2)(1-|w|^2)}\right)$;
        if $d < d_{min}$ **then**
            $d_{min} = d$;
            $p_{min} = voisin$;
        end if
    end forall
    return p_{min}
end

5.4.3 Supervision avec des topologies dynamiques

Dans un contexte dynamique, plusieurs problèmes peuvent apparaître. Les auteurs de [20] disent que le fait que le plongement soit glouton dans[46] dépend critiquement de la connectivité fournie du fait du plongement de l'arbre recouvrant (ou graphe plannaire). En effet, le routage dans le plan hyperbolique est robuste à condition que l'intégrité de l'arbre soit maintenu. Dans un réseau en environnement réel, le lien et la défaillance du pair sont prévisibles souvent. Manifestement, ce qu'il faut retenir de cette méthode est la résistance aux pannes. Dans l'approche de notre *overlay* nous avons deux niveaux de pannes :

– Le premier niveau de panne impacte l'adressage de l'arbre *q-régulier* ;
– Le second niveau de panne impacte le graphe de l'*overlay*.

Au premier niveau, si un lien dans l'arbre échoue alors le routage hyperbolique glouton échouera pour le chemin pris par ce lien. De plus, si un pair autre que la feuille échoue, ceci pourrait partitionner l'arbre en forêt à q sous-arbres et ainsi perturbera la connectivité de l'arbre [20]. Nous pouvons utiliser une technique de restauration et de maintenance de la forêt d'arbres.

Les marches aléatoires sont une approche naturelle de l'exploration de graphe [23]. L'idée est attractive, mais dans notre cas nous ne sommes pas assurés de garder l'adressage consistant quand les arbres fusionnent. En effet, la fusion sans mise à jour des adresses du sous-arbre n'est pas acceptable. De plus, quelle que soit la solution existante, le *talon d'Achille* reste la racine. De plus, les marches aléatoires ne sont pas efficientes dans l'espace hyperbolique parce qu'ils tendent à l'infini. Ainsi, pour faire face aux pannes, il est nécessaire de modéliser une méthode de routage alternative. Si l'arbre d'adressage est brisé, deux principales approches peuvent être utilisées pour restaurer la connectivité :

– Extraire les adresses attribuées aux nœuds au-delà du pair échoué ou du lien et réassigner des adresses à ses nœuds ;
– Essayé de restaurer l'arbre en remplaçant les liens échoués par un nouveau pair avec les mêmes connexions.

La première solution que nous appelons le *flush* peut-être coûteux si la taille de l'*overlay* est très grande et/ou si le domaine au-delà de la panne pair/lien est large, car elle peut conduire à la réparation d'une grande partie du réseau. La seconde solution que nous appelons la méthode de restauration est moins coûteux parce que les adresses sont gardées, mais il est beaucoup plus difficile à implémenter dans le cas d'un pair échoué. En effet, il serait difficile pour le nouveau pair d'établir la même connexion que les pairs en panne qu'il remplace.

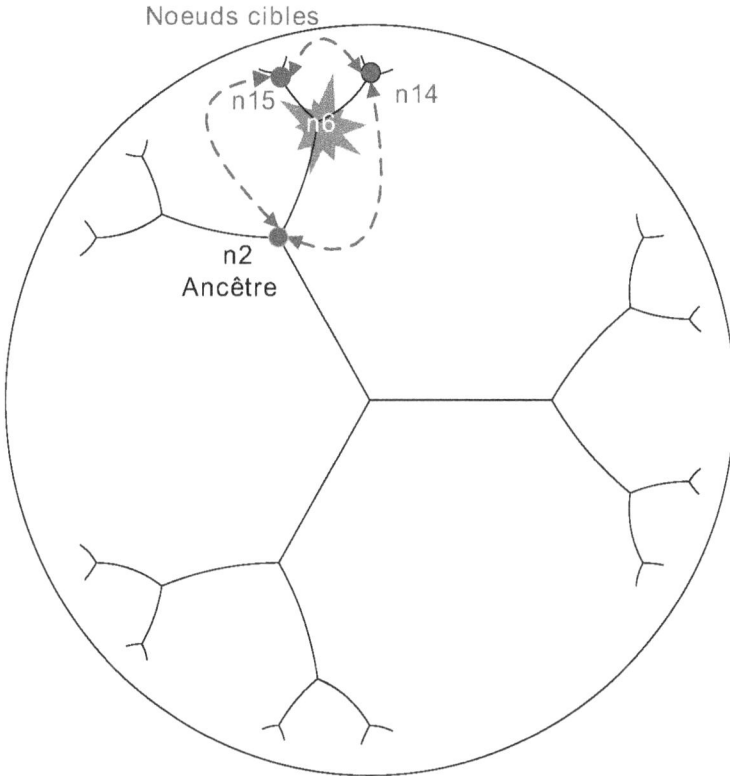

FIGURE II.5.6 – Liens *overlay* alternatifs en cas d'échec de pair.

Au second niveau, si un lien de l'*overlay* n'appartient pas à l'arbre d'adressage en panne ou si un pair feuille échoue alors le routage glouton hyperbolique s'effectuera toujours sans erreur bien que les chemins de l'*overlay* soient susceptibles d'être longs. La figure II.5.6 montre un exemple d'échec sur le pair *n6*. Les flèches sont des liens alternatifs utilisables pour router les paquets.

L'arbre d'adressage est construit sur l'*overlay*, ce qui signifie qu'il existe un lien sous-jacent, potentiellement des raccourcies qui peuvent devenir la seule route possible. Durant le temps où les solutions au-dessus sont utilisées pour assurer le succès du routage. Une technique consiste à faire en sorte que les fils perdant leurs parents essayent d'établir des liens *overlay* à leur premier ancêtre (par exemple grand-parent) aussi bien que leurs nœuds cible (en anglais *siblings*) tel que montrés dans la figure II.5.6. S'ils réussissent en faisant ceci, alors le routage hyperbolique glouton sera garanti. S'ils ne le font pas et que l'arbre d'adressage reste interrompu, alors le routage glouton hyperbolique peut échouer à cause du problème du minimum local.

Une telle heuristique appelée *Gravity-Pressure GP* est présentée dans [20] et aussi utilisée dans [67]. En arrivant dans le minimum local d'un pair, le paquet entre en mode pression. Dans ce mode, le paquet maintient une liste des nœuds qu'il a visité depuis qu'il est entré dans ce mode et le nombre de visites de chaque pair. Ce processus continue jusqu'à ce que le paquet trouve un pair dont la distance à la destination est plus petite que la distance du minimum local courant. La solution présentée n'est pas sans perte mémoire, mais un choix doit être fait. Si un pair se souvient de l'information nécessaire à router il doit communiquer avec son voisin. Dans le réseau Internet, ceci est impraticable à cause de la consommation de la bande passante. Dans le but de surmonter ce problème du minimum local. L'heuristique de la recherche locale *AI* peut être utilisé pour permettre de choisir un chemin alternatif pour assurer le succès du routage en dehors du minimum local.

5.5 Nommage et liaison dans le plan hyperbolique

Dans cette section, nous expliquons comment notre système *overlay* stocke et retrouve la paire (nom, adresse) qui est utilisée pour mapper le nom de l'équipement en ses adresses hyperboliques. Notre solution est un système de DHT structurée qui utilise l'adressage local et le routage glouton présenté dans la section 5.4. Au démarrage, chaque nouveau membre de l'*overlay* choisit un nom qui identifie l'équipement qu'il exécute. Ce nom pourra être gardé par l'équipement durant toute la vie de l'*overlay*.

Quand le nouveau nœud obtient une adresse, il stocke son nom et son adresse dans la DHT, avec le nom utilisé comme une clé. Si le même nom est déjà stocké dans la DHT, un message d'erreur est renvoyé au nœud dans le but de demander au nœud de sélectionner un autre nom. Ainsi, la structure de DHT assure un nom unique.

La paire (nom, adresse)(avec le nom agissant comme une clé), est appelé un liant. La figure II.5.7 montre comment et où un stockeur donné est stocké dans l'*overlay*. Un stockeur est chaque pair qui stocke ses paires. La profondeur d'un pair dans l'arbre d'adressage est défini comme le nombre de pair parent à traverser avant d'atteindre la racine de l'arbre (incluant la racine elle-même). Quand l'*overlay* est créé, une profondeur maximale pour le stockeur potentiel est choisie. Cette valeur est définie comme la profondeur du stockeur de l'arbre. Tous les pairs qui ont une profondeur inférieure ou égale à la profondeur du stockeur dans l'arbre d'adressage peuvent contenir les couples <clé, valeur> et être ainsi des stockeurs. Quand un nouveau pair joint l'*overlay* en se connectant à d'autres pairs, il obtient une adresse d'un de ces pairs. Par la suite, le pair stocke son propre liant dans le système. Pour faire ceci, le pair crée premièrement une clé par hachage de son nom avec l'algorithme SHA-1. Il divise la clé de 160-bits en cinq (05) parties égales de 32-bits chacune (pour la redondance du stockage). Le pair sélectionne une première sous-clé et la mappe en angle par une transformation linéaire. L'angle est donné par :

$$\alpha = 2\pi \times \frac{\texttt{Sous-clé de 32-bits}}{\texttt{0xFFFFFFFF}} \tag{II.5.3}$$

Le pair calcule alors un point virtuel sur le cercle d'unité :

$$v(x, y) \text{ avec} \begin{cases} x = cos(\alpha) \\ y = sin(\alpha) \end{cases} \tag{II.5.4}$$

par la suite, le pair détermine les coordonnées du plus proche stockeur du point virtuel calculé au-dessus par l'utilisation d'une profondeur donnée du stockeur de l'arbre. Dans la figure II.5.7, nous fixons la profondeur du stockeur à trois pour éviter de la surcharge. Il est important de noter que ce plus proche stockeur peut ne pas exister en réalité si aucun autre pair ne possède cette adresse. Le pair envoie alors une requête de stockage à son plus proche pair. Cette requête est routée à l'intérieur de l'*overlay* par l'utilisation de l'algorithme glouton de la section 5.4. Si la requête échoue parce que le stockeur n'existe pas ou à cause de l'échec du nœud ou du

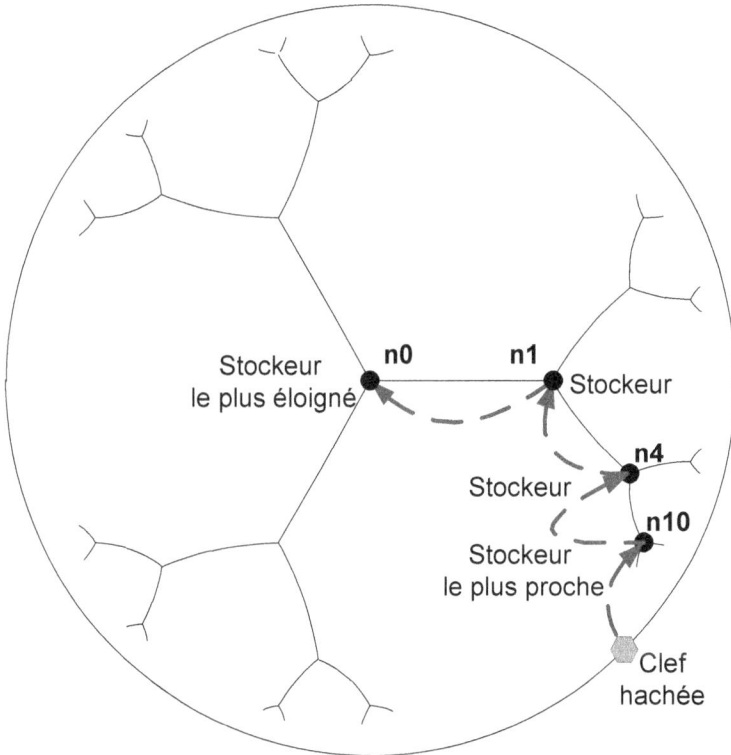

FIGURE II.5.7 –   Système DHT hyperbolique.

lien, il est redirigé au prochain plus prôche stockeur qui est le père du stockeur calculé. Ce processus continu jusqu'à ce que la requête atteingne un stockeur existant qui peut être un pair dans la direction du plus proche stockeur calculé. En atteignant un stockeur existant, le pair est stocké dans ce stockeur. La requête peut ainsi monter l'arbre d'adressage au centre du pair avec l'adresse $(0\,;0)$ qui est le stockeur le plus éloigné. La direction du plus proche stockeur est définie comme le rayon stockant. Ce processus assure que les pairs sont toujours stockés premièrement dans le stockeur le plus proche de l'unité du cercle et en dernier dans le stockeur le plus proche du disque centré.

Si l'arbre d'adressage est déséquilibré, beaucoup de pairs peuvent être stockés dans des pairs proches du centre et ainsi les surcharger. Dans le but de résoudre ce problème chaque stockeur sera en mesure de stocker un nombre maximum de pairs et chaque nouveau pair sera refusé et la requête redirigée plus haut. De plus, pour fournir la redondance, le pair effectue le processus de stockage décrit au-dessus pour chacune des quatre autres sous-clés. Ainsi, les rayons de cinq stockeurs différents seront utilisés et cela améliorera la même distribution de pairs.

De plus, pour la redondance proposée, un pair peut être stocké dans plus d'un pair du rayon de stockage. Un stockeur pourrait stocker un pair et encore redirigé sa requête pour le stockage dans un autre ancêtre stockeur. Le nombre de copies d'un pair selon le rayon de stockage peut être une valeur arbitraire placée à la création de l'*overlay*. De façon similaire, la division de la clé en 5 sous-clés est arbitraire et pourrait être augmentée ou réduite en fonction du besoin de redondance. Pour conclure, nous pouvons définir deux mécanismes de redondance pour le stockage des copies d'un stockeur donné :

   i). Nous pouvons utiliser plus d'un rayon stockeur pour la création de plusieurs sous-clés uniformément distribuées ;

   ii). Nous pouvons stocker le pair dans plus d'un stockeur dans le même rayon de stockage.

Ces mécanismes permettant à notre système de DHT de faire face à une croissance non uniforme de l'*overlay* et d'assurer qu'un pair sera stocké de façon redondante pour maximiser le taux de succès des recherches. Les nombres de sous-clés et le nombre de copies dans un rayon sont des paramètres qui peuvent être fixés à la création de l'*overlay*. L'augmentation conduit à un échange entre l'amélioration de la fiabilité et la perte d'espace de stockage dans les stockeurs.

Notre solution a la propriété de hachage consistant : si un pair échoue, c'est seulement ses clés qui sont perdues, mais les autres stockeurs ne sont pas impactés et l'ensemble du système reste cohérent. Comme dans beaucoup de systèmes existants, les pairs seront stockés suivant une stratégie douce et dure. Un pair pourra être stocké par son créateur chaque x période de temps. Autrement, il serait retiré par le stockeur qui le stocke. Un message de suppression peut être envoyé par le créateur pour supprimer le pair avant la fin de la période. Nous analysons l'influence du degré et la profondeur sur le taux de succès de la requête, la longueur du chemin et la taille de la table dans la section 5.6.

5.6 Simulations des facteurs étudiés

Dans cette section, nous présentons les résultats des simulations que nous avons exécutées pour évaluer la praticabilité et dans ce cas la scalabilité de notre adressage, le routage et le système de stockage basé sur des coordonnées hyperboliques. Nos paquets sont transmis en utilisant un simulateur réseau à évènement discret appelé *nem* [106] pour l'obtention de tous les résultats montrés dans ce chapitre.

5.6.1 Cadres et paramètres

Dans le but d'évaluer notre système *overlay* sur une topologie réaliste, nous avons utilisé des cartes Internet qui créent des mesures de données réelles (avec *nec* [55] et *CAIDA* [83]). Nous avons utilisé une carte IPv4 de 75k-nœuds de 2003, une carte BGP4 de 34k-nœuds de 2010 et un IPv6 de 4k-nœuds de 2004. Le seuil de précision du point flottant est fixé à 10e-9 pour toutes les simulations. Dans toutes les simulations, le premier pair créant l'*overlay* est toujours un nœud pris aléatoirement dans la carte.

Dans la sous-section 5.6.2 concernant les simulations statiques, nous avons considéré que chaque nœud de la carte est un pair qui est membre de l'*overlay*. Ainsi, la topologie de l'*overlay* est égale à la topologie de la carte et peut-être considérée comme Internet. Les simulations sont définies comme statique parce que les nœuds sont toujours opérationnels tout le temps et les paquets sont instantanément délivrés entre les nœuds. L'avantage de l'exécution statique est qu'elle a un coût de calcul relativement faible. Donc nous pouvons utiliser tous les nœuds de la carte comme des membres de l'*overlay* et ainsi évaluer la scalabilité de notre système.

Dans la section 5.6.3 et 5.6.4 concernant les simulations dynamiques, nous avons considéré que seuls certains nœuds à chaque instant donné sont en action comme pairs de l'*overlay*. Le moteur de simulation gère un temps de simulation et chaque pair *overlay* démarre à un moment donné pour une durée donnée sur un nœud aléatoire de la carte.

Le pair qui crée l'*overlay* reste actif pour toute la durée d'une simulation. Les paquets sont délivrés entre les nœuds en prenant en compte le temps de transmission des liens. Les pairs démarrent en contactant le nœud qui est lié à un pair créé par l'*overlay*, cherche avec les autres pairs, lesquels peuvent se connecter, obtenir une adresse d'un des pairs. Ils peuvent s'y connecter et envoyer des données ou des messages de requêtes. Ce processus modélise la naissance, la vie et la mort de l'*overlay*.

Dans les simulations dynamiques, il y a une phase d'échauffement au commencement et une phase de refroidissement à la fin qui sont toutes les deux prises comme un régime transitoire. En effet, au commencement seulement le pair créateur existe avant que de nouveaux pairs démarrent et se joignent à lui. De façons similaires à la fin tous les pairs quittent progressivement l'*overlay* jusqu'au départ du pair créateur qui arrête ce dernier.

Chaque simulation s'exécute pour 1 heure, ainsi, seulement des mesures en milieu de simulation (environ 30 minutes) peuvent être considérées comme représentant un état de régime régulier. Ce commentaire doit être pris en compte quand lorsque l'on regarde tous les graphes montrés dans les sous-sections 5.6.3 et 5.6.4. En effet, la plupart d'entre eux montrent une courbe avec un plateau typique en milieu. La plupart des mesures significatives sont localisées dans la partie basse des courbes.

Le nombre de nouveaux pairs est fixé à 30 par minute avec un temps d'inter-arrivée fixé avec une probabilité suivant une distribution exponentielle. Chaque pair a une durée de vie aléatoire fixée avec une probabilité suivant une distribution exponentielle avec $\lambda = 10e - 5$ qui donne une valeur médiane de 300 secondes et une valeur au 90ème percentile de 1000 secondes. Comme chaque simulation dynamique se termine après 1 heure, la session de cette distribution de pair produit beaucoup de *churn*. Les pairs créent les liens *overlay* avec d'autres pairs par sélection de ce qui est le plus proche en termes de sauts réseaux. Finalement, nous collectons des mesures toutes les 600 secondes.

5.6.2 Simulations statiques des plans de routage

Dans cette sous-section, nous utilisons par comparaison un plan d'adressage *standard* tel que défini dans [79] et le plan d'adressage hyperbolique précédemment présenté dans la section 5.4. Nous exécutons des simulations et évaluons la profondeur de l'arbre d'adressage, la longueur moyenne du chemin (mesurée en sauts), l'étendue et les métriques de congestions pour le plan d'adressage et sur chacune de nos trois cartes Internet : IPV4, BGP4 et IPv6. Nous étudierons ces métriques en fonction du degré de l'arbre d'adressage.

Nous adressons tous les nœuds d'une carte par une extension du premier algorithme de distribution. Une prise aléatoire d'un premier nœud est considérée comme racine de l'arbre d'adressage. La racine alors calcule les d coordonnées de ses fils dans l'arbre d'adressage et donne ses adresses à ses pairs voisins. Par la suite, chacun des d fils adressé calcule encore $d-1$ coordonnées et donne ses adresses a ses pairs voisins. chaque fils répète le processus précédent jusqu'à ce que chaque nœud ait une adresse. Chaque point indiqué sur le graphe suivant a été calculé avec un intervalle de confiance de 95% et une erreur statistique relative de 5%.

Nous étudions maintenant l'influence du degré choisi d sur la profondeur de l'arbre d'adressage. Le Plan de l'arbre d'adressage standard a des adresses de longueur variables en fonction du rayon du graphe. En effet, le premier nœud est intitulé 1, son quatrième fils sera intitulé 1.4, le sixième fils de ce fils sera intitulé 1.4.6 et ainsi de suite. Comme nous utilisons 1 byte pour chaque niveau, nous pouvons voir que le nombre de bytes dans une adresse sera fonction de sa distance maximale à la racine. Pour être arbitraire dans le plan d'adressage hyperbolique, chaque adresse a une longueur fixe de 16 bytes (2 8-byte types double), cependant la profondeur d'un arbre d'adressage a une valeur maximale qui est atteinte quand un des points est trop proche du disque unité. La profondeur maximale observée ainsi est fonction du degré choisi aussi bien que de la précision choisie.

La figure II.5.8 montre que la profondeur de l'arbre d'adressage standard est une fonction de degré de l'arbre. L'intervalle de degré va de 4 à 256. L'augmentation du degré a peu d'influence sur la profondeur pour les cartes IP. Cependant, pour la carte BGP, la profondeur de l'arbre d'adressage diminue quand le degré de l'arbre augmente.

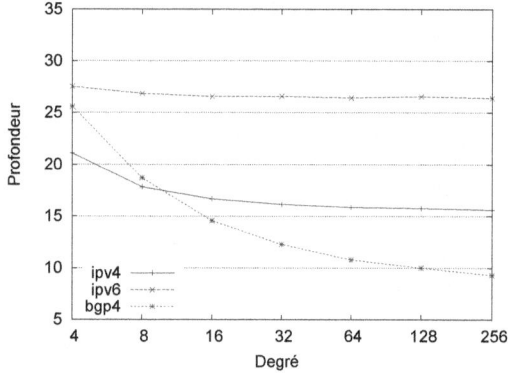

FIGURE II.5.8 –   Profondeur maximale mesuré en utilisant le plan d'adressage standard.

Dans la figure II.5.9 nous montrons la profondeur de l'arbre d'adressage hyperbolique en fonction du degré. Nous pouvons voir que dans un arbre hyperbolique, les résultats sont similaires à l'arbre standard à l'exception de la carte IPv4 où la profondeur est grande. Cependant, ceci n'a pas d'impact sur les adresses comme ils ont une longueur fixée dans l'adressage hyperbolique.

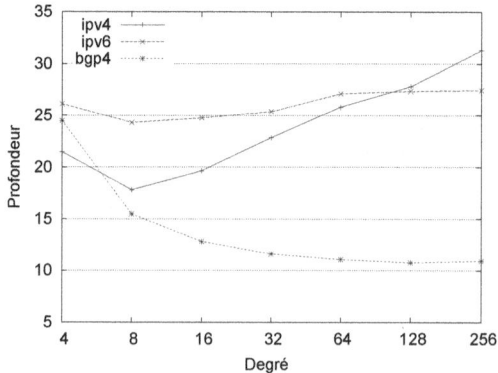

FIGURE II.5.9 –   Profondeur maximal mesuré en utilisant le plan d'adressage hyperbolique.

Nous concluons pour ces deux figures qui pour un degré au-dessus de 16, l'arbre standard à besoin d'adresses de longueur d'environ 15-17 bytes qui sont proches de la longueur fixée de l'adressage hyperbolique. Pour IPv6 cependant, 27 bytes sont exigés pour faire de l'adresse hyperbolique un bon choix.

Nous étudions les métriques relatives à l'évaluation de la moyenne de longueur de chemin, l'étirement et la congestion. Nous montrons encore ici l'influence du degré de l'arbre comme un paramètre d'entrée. Évidemment, nous n'étudions pas le taux de succès des données délivrées. Dans le cadre statique, ce taux est toujours à 100% tel qu'expliqué dans la section 5.4. Le cadre dynamique sera présenté dans la section 5.6.3.

La figure II.5.10 montre la distance moyenne entre nœuds dans un arbre standard en utilisant un routage à base de source (par exemple des adresses telles que 1.4.6 permettant d'aller là où on le souhaite à travers 1 et 1.4).

La distance est calculée comme le nombre de sauts pris par la source de routage. Plus petite est la distance, meilleur est l'efficacité du routage. Comme nous pouvons le voir, quand le degré est fixé grand, les distances sont réduites.

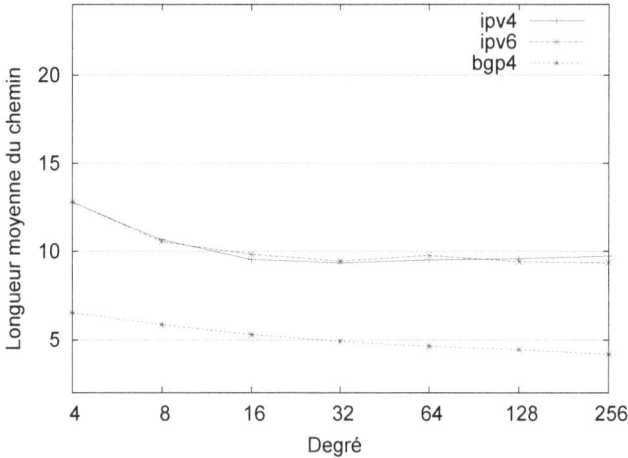

FIGURE II.5.10 – La longueur moyenne du chemin entre pairs : cas du routage standard.

Les courbes sont à peu près les mêmes dans la figure II.5.10, mais il y a une petite différence spécialement pour IPv4. Ceci signifie que les chemins entre deux nœuds quelconques sont plus éloignées dans le plan hyperbolique. De plus, nous remarquons que des nœuds BGP ont la plus petite longueur de chemin qui est attendue comme nous mesurons les sauts AS et pas les sauts IP ici. Le nombre de sauts dans les cartes AS est connu pour être beaucoup plus court que dans les cartes IP.

Dans le but de bien évaluer l'efficacité de ses deux plans de routage, nous mesurons ici l'étendue du chemin de routage. L'étirement est égal à la longueur du chemin du plan de routage local (standard ou hyperbolique) (par exemple Le plus court chemin possible est calculé de façon centralisée par l'algorithme de *Dijkstra*). La figure II.5.11 et II.5.12 montre que le degré a un impact sur l'étirement. L'étirement est bien quand nous routons dans l'arbre standard bien qu'il y ait une diminution pour les cartes IP quand le degré est augmenté au-dessus de 16.

Dans la figure II.5.12 la meilleure valeur d'étirement pour IP est respectivement 1.7 avec un degré de 16 et 1.5 avec un degré de 32. La valeur du plus petit étirement est 1.3 pour la carte BGP avec un degré égal à 256. Dans le plan de routage hyperbolique, quand le degré est plus haut que 32, l'étirement tend à se dégrader et à augmenter encore pour les cartes IP. Cependant, nous devons nous rappeler que l'arbre standard utilise la source de routage qui est moins robuste en présence de nœuds défaillants. De plus, le routage glouton hyperbolique est basé sur une vraie métrique (telle qu'indiquée dans la section 5.3) et ceci permet aux paquets de prendre des raccourcis et d'être plus robustes en présence du nœud ou du lien défaillant.

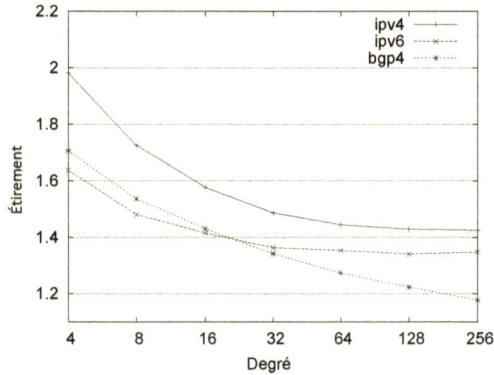

FIGURE II.5.11 –   Étirement moyen mesuré en utilisant le routage standard.

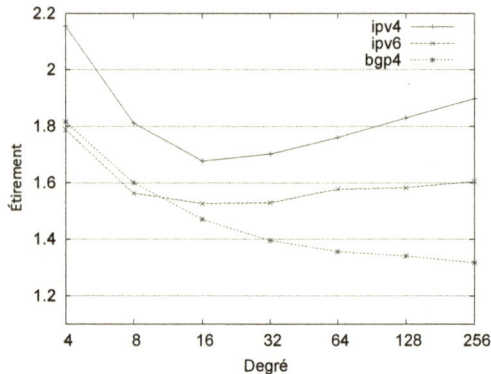

FIGURE II.5.12 –   Étirement moyen mesuré en utilisant le plan de routage hyperbolique glouton.

Maintenant, nous évaluons l'efficacité de ses plans de routage locaux au regard de la congestion. Nous définissons la congestion moyenne d'un nœud comme le nombre de chemins passants à travers diviser par le nombre total de chemins. La figure II.5.13 et II.5.14 montre la congestion dans les deux cas.

Dans les deux figures, nous observons que la congestion reste assez basse. De plus, c'est substantiellement la même entre les deux figures. Cependant, nous notons que la carte IPv6 a la plus haute congestion. Ceci parce que cette carte est beaucoup plus petite que les deux autres. Finalement à l'opposé de l'étirement, ses courbes montrent que le degré a une faible influence sur la congestion.

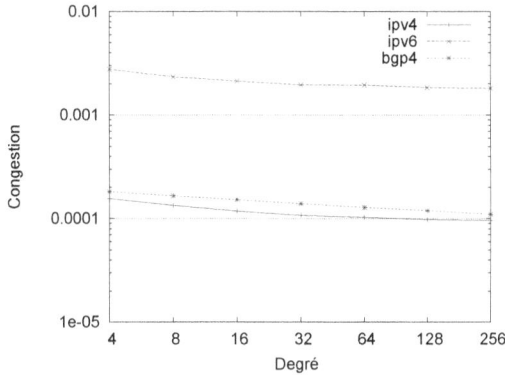

FIGURE II.5.13 –   Congestion mesuré en utilisant le plan de routage standard.

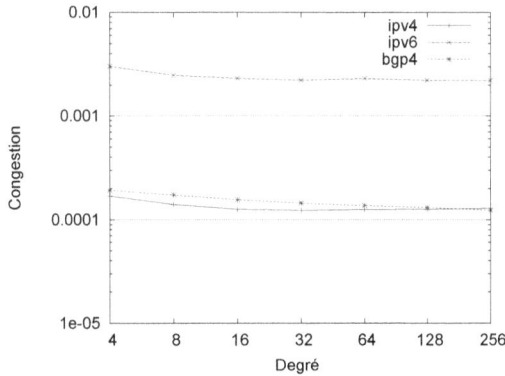

FIGURE II.5.14 –   Congestion mesuré en utilisant le plan de routage glouton hyperbolique.

5.6.3 Simulations dynamiques des plans de routage

Dans cette sous-section, nous évaluons la performance de notre système de routage en présence de *churn*. Les paquets de données sont envoyés par chaque pair (qui a une adresse) à un taux de 1 par 10 secondes. Le taux de succès du routage pour un pair donné est égal au nombre de paquets de données proprement reçu par leurs destinataires divisé par ceux envoyés par le pair. Chaque point montré sur le graphe suivant est la valeur moyenne de 20 exécutions, et associé à la valeur de l'écart-type tracé comme barres d'erreurs.

Dans cette sous-section et dans la prochaine, nous utilisons seulement le plan de routage hyperbolique présenté dans la section 5.4. Nous limitons aussi le degré à 64 parce que nous voyons dans la sous-section 5.6.2 qu'une grande valeur du degré n'améliore pas les performances. Quand l'arbre d'adressage est interrompu à cause du départ des nœuds, l'arbre d'adressage est restauré en utilisant la méthode *flush* décrite dans la section 5.4. Aucune des heuristiques présentées dans la section 5.4 n'a été utilisée ici pour amélioration du taux de succès du routage. Nous évaluons le taux de succès moyen de routage, la longueur moyenne du chemin et l'étirement sur la plus petite carte IP, qui est la carte IPv6, à cause du coût de calcul des simulations. Dans la figure II.5.15, nous pouvons voir que le taux de succès du routage est toujours au-dessus de 90% ce qui confirme le fonctionnement propre de notre système et l'efficience de la méthode *flush* en maintenant un grand taux de routage malgré le *churn*.

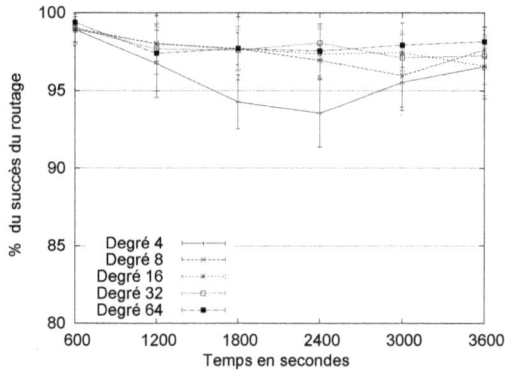

FIGURE II.5.15 –   Taux de succès du routage.

La figure II.5.16 montre la moyenne des longueurs de chemin du routage hyperbolique. La longueur du chemin est mesurée comme le nombre de sauts IP couvert par le paquet du pair source au pair de destination. Nous pouvons voir que les valeurs sont plus grandes que celles mesurées dans le contexte des simulations statiques parce qu'ici seul un sous-réseau de nœuds a des pairs appartenant à l'*overlay* augmentant ainsi statistiquement les distances. Dans les simulations statiques, les chemins de tous les pairs étaient évalués et la topologie *overlay* était le même que la carte elle-même. Ici les nœuds forment un *overlay* qui peut avoir une topologie différente et ainsi la plus basse longueur de chemin optimale. Ceci reste vrai bien que les pairs de l'*overlay* essayent toujours d'établir des liens *overlay* avec les plus proches pairs de l'*overlay*. Un autre point est que pour un degré 4, la longueur du chemin est plus courte que les autres degrés ce qui est en opposition avec les résultats de la figure II.5.10.

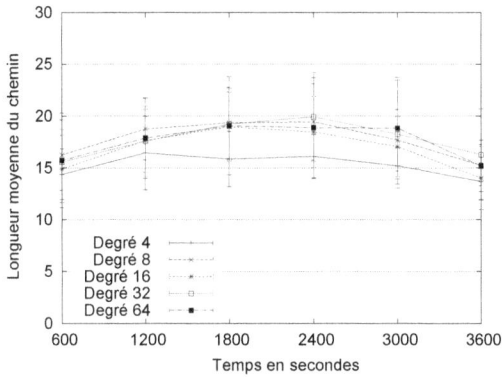

FIGURE II.5.16 –   Longueur moyenne du chemin entre pairs : cas du routage glouton hyperbolique.

La figure II.5.17 montre la valeur de longueur de chemin au 90ème percentile. Ici aussi, la longueur du chemin est mesurée comme le nombre de sauts IP couvert par le paquet. Cette valeur donne une statistique acceptable sur la longueur du chemin par inclusion des cas extrêmes. Nous pouvons observer que la longueur du chemin, pour un degré au-dessus de 4, est environ 35, comparée à la moyenne des longueurs de chemin de 18 voire figure II.5.16. Nous concluons que l'inclusion des valeurs de la médiane au 90ème percentile produit une inflation de 100% qui est importante, mais encore supportable. Finalement, la figure II.5.18 représente l'étirement du che-

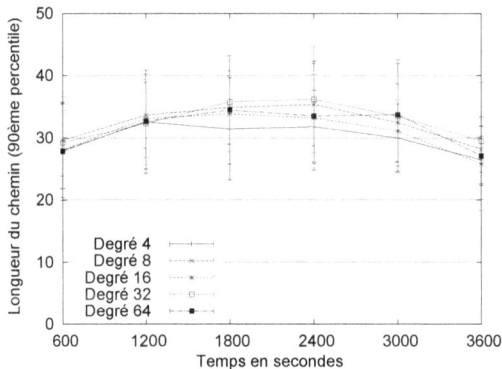

FIGURE II.5.17 –   Longueur du chemin au 90ème percentile : cas du routage glouton hyperbolique.

min donné par le routage hyperbolique glouton. Tel que défini l'étirement est égal à la longueur du chemin de routage hyperbolique, divisé par la plus courte longueur du chemin calculé avec la connaissance de toute la topologie. Nous observons que les valeurs de l'étirement sont beaucoup plus grandes que dans les simulations statiques pour les mêmes raisons qu'expliquées au-dessus pour la figure II.5.15. Pour tous les degrés au-delà de 4, l'étirement typique est d'environ 2.6. Paradoxalement pour le degré 4, l'étirement est plus bas (environ 2.3) que pour des degrés plus haut ce qui est encore en opposition avec ce qui est observé dans la figure II.5.12. La raison peut-être est que quand le degré augmente, les pairs peuvent se connecter seulement à un peu d'autres pairs sans avoir à chercher beaucoup et peuvent finir par ne plus optimiser les distances du réseau. Avec un bas degré tel que 4, des pairs peuvent demander à plusieurs autres pairs avant d'avoir la possibilité de se connecter à eux et ainsi ils peuvent avoir de meilleurs choix de pair en ce qui concerne la distance de réseau. Globalement dans toutes les situations l'étirement reste en dessous de 3 ce qui est un compromis acceptable pour la flexibilité apportée par un système de routage *overlay*.

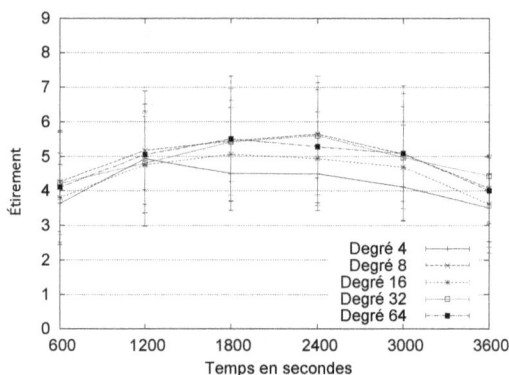

FIGURE II.5.18 –   Étirement mesuré en utilisant le plan de routage glouton hyperbolique.

5.6.4 Simulations dynamiques du plan de liaison

Dans cette sous-section, nous évaluons la performance de notre système de stockage. Comme dit dans la section 5.5, une liaison est une association entre un nom et une adresse où le nom agit comme une clé. Le système de liaison basée sur notre *overlay* forme une structure DHT. Les requêtes sont routées dans la DHT en utilisant le routage glouton présenté dans la section 5.4. Ici le nom utilisé est le nom de l'équipement sur lequel le pair s'exécute. Les paramètres utilisés dans ces simulations sont les mêmes que ceux de la sous-section 5.6.3. La seule différence est que les pairs n'envoient pas de paquets, mais seulement stockent et retrouvent des requêtes. La fréquence des requêtes de stockages générés dans chaque pair est 1 toutes les 30 secondes. La fréquence de résolution des requêtes générées dans chaque pair est 1 toutes les 5 secondes.

Comme expliqué dans la section 5.5, nous fixons ici la profondeur de l'arbre de stockage à 8. Nous observons l'influence du degré de l'arbre d'adressage sur la performance du stockage et de la résolution des requêtes. Plus précisément nous mesurons le taux de succès aussi bien de la moyenne de longueur de chemin *overlay* et la moyenne de longueur de chemin IP dans le cadre du stockage et de la résolution.

La figure II.5.19 montre le pourcentage de succès des requêtes de stockages sur la durée de la simulation. Nous supposons ici que seule une copie d'une liaison est stockée dans le système. Nous n'avons pas à ce stade étudié les stratégies de réplications expliquées dans la section 5.5 de ce chapitre. Nous pouvons voir dans les paramètres de simulation donnés que le taux de réussite est très haut malgré le *churn*.

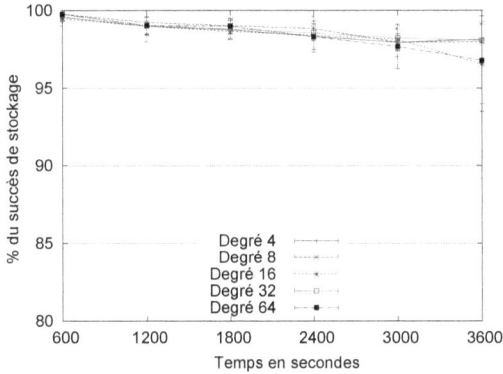

FIGURE II.5.19 –   Pourcentage du succès des requêtes de stockage.

La figure II.5.20 montre la moyenne de la longueur du chemin des requêtes de stockages dans le réseau *overlay* sur la durée de simulation. Le nombre de pairs à traverser en incluant la destination avant le stockage d'une donnée varie de 6 à 9 en fonction du degré de l'arbre d'adressage. Ce nombre est décroissant quand le degré croît avec un effet de diminution en retour qui peut être vu en démarrant avec un degré 16.

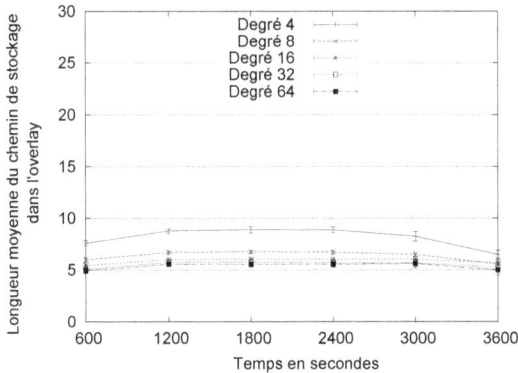

FIGURE II.5.20 –   Moyenne de longueur de chemin des requêtes de stockage dans le réseau *overlay*.

La figure II.5.21 montre la moyenne de la longueur du chemin des requêtes de stockages dans le réseau IP durant la simulation. Nous pouvons voir sur ce graphe que le degré de l'arbre d'adressage a un grand impact sur le nombre de sauts IP que sur le nombre de sauts *overlay*.

Le nombre des sauts est bien sûr plus grand, mais aussi la variabilité des valeurs aussi bien que les intervalles entre les tracés avec des paramètres de degrés variés sont plus grands. Pour un degré de 4 le nombre moyen de sauts est de 60 tandis que pour un degré de 64 le nombre moyen de sauts est environ 27 donnant les résultats de la figure II.5.20, nous pouvons déduire que la moyenne des sauts IP entre les pairs varie d'environ 4.5 à 6.7 ce qui est plus bas que la moyenne des longueurs de chemin de 7.9 mesurée dans la carte IPv6. Nous pouvons déduire que les pairs qui stockent les liaisons sont en moyenne plus proches du cœur du réseau.

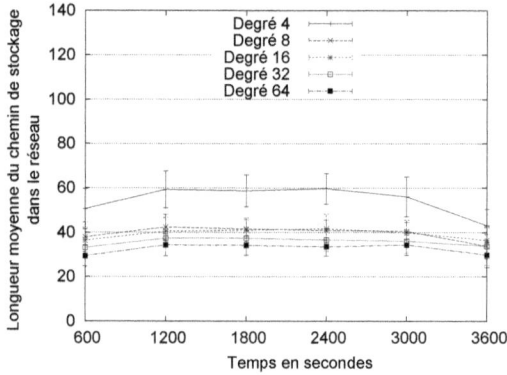

Figure II.5.21 –   Moyenne de longueur de chemin des requêtes de stockage dans le réseau IP.

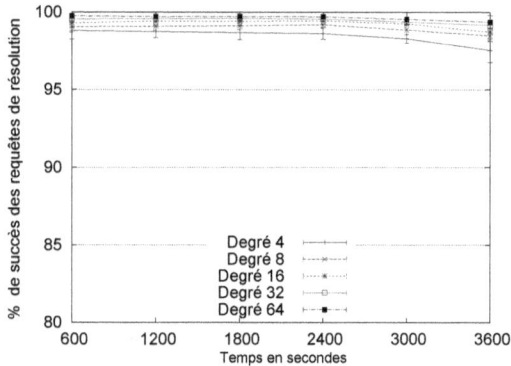

Figure II.5.22 –   Pourcentage de succès des requêtes de résolution.

La figure II.5.22 montre le pourcentage de succès des requêtes de résolution durant la simulation. Comme pour les requêtes de stockage, nous pouvons voir qu'étant donné les paramètres de la simulation, le taux de succès est très haut malgré le *churn*.

La figure II.5.23 montre la longueur moyenne des chemins des requêtes de résolutions dans le réseau *overlay* durant la simulation. Le nombre de pairs à traverser en direction du détenteur de la ressource en incluant le retour à l'envoyeur de la requête varie de 9 à 19 en fonction du degré de l'arbre d'adressage. Un degré de 4 induit une longueur de chemin typique de 16, un degré de 8 réduit la longueur du chemin à 12 et la valeur du degré au-dessus de 8 induit une longueur de chemin entre 9 et 10. Ainsi, le nombre de sauts *overlay* va décroissant quand le degré est croissant avec un effet de diminution en retour qui peut être vu au démarrage à un degré 16, de façon similaire à la longueur de chemin de la requête de stockage montré dans la figure II.5.20.

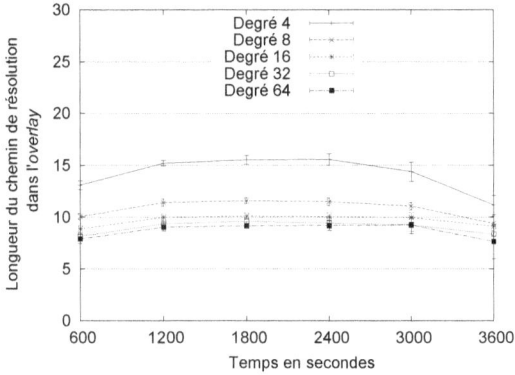

FIGURE II.5.23 — Moyenne de la longueur du chemin de resolution dans le réseau *overlay*.

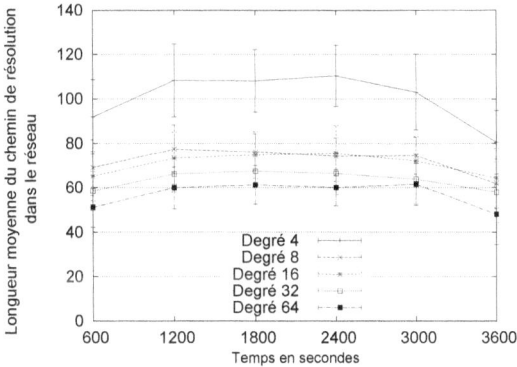

FIGURE II.5.24 — Moyenne de la longueur du chemin de resolution dans le réseau IP.

La figure II.5.24 montre la moyenne de la longueur du chemin des requêtes de résolution dans le réseau IP durant la simulation. Nous pouvons aussi voir sur ce graphe que le degré de l'arbre d'adressage a un plus grand impact sur le nombre de sauts IP que sur le nombre de sauts *overlay*. L'intervalle entre les courbes de degrés variés est beaucoup plus grand que ce qui était observé pour les requêtes de stockages dans la figure II.5.21. Si nous faisons exception des courbes correspondant aux degrés 8 et 16 qui sont très proches des autres, les autres courbes ont largement des longueurs de chemins différentes par intervalle de 110 pour un degré de 4 à 60 pour un degré de 64. Étant donné les résultats de la figure II.5.23, nous pouvons déduire que la moyenne des sauts IP entre les pairs de nœuds voisins variant d'environ 6.6 à 6.9 qui est un bit plus faible que la moyenne de la longueur de 7.9 dans la carte IPv6. Comme une résolution plus faible de requête prend un plus long chemin que les requêtes de stockage, ceci explique la réduction dans la variabilité du nombre de sauts IP entre deux nœuds voisins.

Nous pouvons conclure que pour les résultats de simulation montrés, notre système de stockage a de bonnes performances comme une DHT structurée. Le taux de succès des requêtes de stockage et de résolution, pour l'exécution d'un *overlay* pendant une heure avec un total de 1800 pairs, est encourageant. La moyenne des longueurs de chemins des requêtes est acceptable et montre les valeurs typiques pour ces genres de systèmes. Ces résultats montrent le fonctionnement intrinsèque de notre système de liaison, mais sont insuffisants pour évaluer sa scalabilité. Couramment, les coûts de calcul de nos simulations dynamiques sont trop élevés pour évaluer un plus grand scénario, mais nous avons amélioré notre moteur de simulation dans le but de surmonter ces limitations et nous planifions une exécution à grande échelle des simulations dynamiques dans la suite de nos études.

5.7 Conclusion

Dans ce chapitre, nous avons proposé un système *overlay* P2P dynamique inspiré de la géométrie hyperbolique. Ce système est capable de fournir des services d'adressages et de routages à tous ses pairs. Les algorithmes utilisés à l'intérieur de notre système sont pleinement distribués et dynamiques assurant ainsi que les *overlays* sont scalables et fiables. Notre analyse théorique du modèle du disque de Poincaré a montré que même si nous perdons une partie du potentiel d'adressage à cause des contraintes liées à la précision, nous pouvons encore être amené à maintenir un grand nombre de nœuds (par exemple de l'ordre de 10^8) avant d'atteindre les limites de ce modèle. Ainsi, la capacité d'adressage est suffisante pour la plupart des *overlays*. Nos résultats de simulation ont démontré dans le cas statique que le routage glouton produit un étirement du chemin raisonnable et un faible rapport de congestion pour des dimensions de l'*overlay* variant de 4 Ko à 75 Ko de pairs. Ils ont aussi prouvé dans le cas dynamique que le succès du routage reste au-dessus de 90% en présence de churn. Dans la suite de nos travaux, nous étudierons des scénarios plus complexes impliquant des trafics de données entre les pairs de l'*overlay*. La mesure du débit entre les pairs est une tâche difficile à faire ainsi, cela exigera probablement l'utilisation d'un prototype réel. Le tunnel de la couche de connexion transport exigé par le routage *overlay* affectera sûrement cette métrique et ce problème a besoin d'être étudié en détail.

Chapitre 6

Analyse comparative des performances de CLOAK

Sommaire

6.1 Introduction

Ce chapitre est une extension des travaux déjà effectués dans les chapitres précédents. En effet, nous avons ajouté ici une description détaillée du mécanisme déployé dans la table de hachage distribtuée de CLOAK. Aussi, une analyse des performances pour un certain nombre de métriques a été effectuée en comparaison avec d'autres DHTs existantes. CLOAK était originellement présenté dans notre papier [12] qui contient une grande partie des travaux de base dont des résultats de simulation sur des réseaux dynamiques concernant la longueur du chemin. En améliorant ces fondamentaux, notre travail [82] a présenté les protocoles et les modules de l'architecture en détail et rapporté les résultats de la simulation sur le réseau dynamique concernant le ratio du succès de routage, la longueur des routes et l'étirement aussi bien que des indicateurs de performance des requêtes DHT. L'adressage et le système de routage basé sur la géométrie hyperbolique utilisée dans CLOAK ont été présentés dans [14]. L'algorithme d'adressage distribué et l'algorithme de routage glouton sont détaillés dans les travaux précédents et nous n'en ferons plus cas dans ce chapitre pour éviter la répétition. L'implémentation du modèle de DHT utilisé par CLOAK sur ce système hyperbolique est bien expliquée dans ce chapitre. Ce chapitre sera organisé comme suit. Dans un premier temps, nous présenterons les mécanismes de réplication que nous avons déployés pour notre DHT. Ensuite nous décrirons le processus de stockage et de recherche en contexte de *churn*. Par la suite on aura une présentation détaillée de notre modèle de dynamisme du réseau *overlay* qui a été implémenté. Dans une autre section, nous effectuerons une analyse de scalabilité de notre système DHT. Nous comparons par la suite les performances de la DHT CLOAK avec celles des autres DHTs existantes. Enfin, nous présenterons les résultats variés obtenus par les simulations pour évaluer le routage et la liaison efficace de notre système avant de conclure.

6.2 Modèle de simulation du dynamisme dans CLOAK

Nous considérons le *churn* comme le ratio du nombre de départ par unité de temps par rapport à la taille initiale de l'*overlay* [51].

Soit N_0 la taille de l'*overlay* à l'instant T_0 : Le va-et-vient noté $Churn = \frac{L_c}{N_0}$.

Définition 1 : Une simulation de type Monte-Carlo est une méthode dans laquelle un problème est résolu par un processus stochastique et dans laquelle une représentation explicite du temps n'est pas nécessaire [100].

Soient Ω_1 et Ω_2, deux univers associés aux expériences aléatoires des inter-arrivées et des durées de vies. On considère les variables aléatoires t_{di} et t_{ai} associées respectivement aux durées de vies et aux délais d'inter-arrivées des nœuds du système. On montre dans [13][14][95] que ces variables aléatoires indépendantes et identiquement distribuées suivent une loi exponentielle de paramètres respectifs λ_1, λ_2. Nous cherchons à présenter dans cette section, notre modèle de simulation du dynamisme de l'*overlay* CLOAK. Ainsi, pour simuler ces évènements aléatoires suivant la loi exponentielle de densité f, nous utilisons un modèle de simulation de Monte-Carlo basé sur l'algorithme d'« acceptation-rejet » (ou méthode du rejet) et la méthode de « fonction inverse ». La méthode du rejet permet entre autres de simuler des variables aléatoires dont la loi est à densité par rapport à la mesure de Lebesgue [105], en s'aidant d'une autre densité de probabilité dont on sait simuler la loi. L'algorithme d'« acceptation-rejet » [107] découle du lemme suivant :

Lemme 6.2.1 *[98] Les variables aléatoires $z = \{z_i\}$ indépendantes résultantes de l'algorithme suivant sont distribuées respectivement suivant g et f :*

  i). *générer z suivant $g(z)$ et u suivant la loi uniforme $U[0,1]$ où g est une densité de probabilité facilement simulable,*

  ii). *calculer $\rho(z) = f(z)/(M * g(z))$ où M est une constante réelle telle que $M > 0$,*

  iii). *si $u \leq \rho(z)$: (acceptation), sinon : retour en i) (rejet).*

D'après le lemme 6.2.1, on a $f(z) \leq (M * g(z))$. Aussi, notre objectif est de créer une perturbation dans le réseau *overlay* en provoquant des départs de L_c nœuds dont la durée de vie suit une distribution exponentielle. De plus, pour garder la taille du réseau quasiment statique durant toute la durée de simulation, nous connectons A_c nœuds à l'*overlay* par intervalle de temps exponentiel de sorte à avoir $L_c \approx A_c$. Posons P la durée d'une période d'observation. Durant la période P, le nombre d'évènement aléatoire (arrivée ou départ de nœuds de l'*overlay*) est $Q = L_c + A_c$. Pour avoir durant la période P, un départ de L_c nœuds et une arrivée de A_c nœuds, de sorte que $L_c \approx A_c$, nous considérons la valeur médiane d'une distribution uniforme sur $[0,1]$ qui est de $\frac{1}{2}$. Nous générons Q variables ($\{U_i\}$) aléatoires suivants une distribution de loi uniforme U et Q variables $z = \{z_i\}$ suivant une distribution de loi exponentielle de paramètre λ, en considérant le lemme 6.2.1, nous fixons la constant $\frac{1}{M} = \frac{1}{2}$ correspondant à la médiane d'une distribution uniforme de variable aléatoire sur $[0,1]$ et $g(z) = 1 * \frac{1}{1-0}$ (plus généralement la densité de probabilité d'une distribution uniforme sur $[a, b]$ est donnée par $g(z) = \frac{1}{b-a}$) correspondant à la densité de probabilité d'une loi uniforme sur $[0,1]$. Ainsi, conformément à l'algorithme « acception-rejet » [91] et d'après le **corollaire 6.2.3** du **théorème de la fonction inverse**, les distributions z telle que $f(z) \leq -\frac{1}{\lambda}ln(1 - \frac{1}{2})$ (1) et $F^{-1}(U) = -\frac{1}{\lambda}ln(1-U) \leq -\frac{1}{\lambda}ln(1 - \frac{1}{2})$ suivent une loi exponentielle de paramètre λ et de médiane $-\frac{1}{\lambda}ln(1 - \frac{1}{2})$. Ainsi, les variables $\{z_{1i}\}$ telles que **(1)** soit vérifié induisent des évènements « départ de nœud » suivant une loi exponentielle, de même les variables $\{z_{2i}\}$ telles que **(1)** induisent des évènements « demande connexion d'un nouveau nœud » suivant une loi exponentielle. D'après l'algorithme d'« acception-rejet » appliqué à la méthode de « fonction inverse » ([91]) les distributions $\{z_{1i}\}$ et $\{z_{2i}\}$ suivent une loi exponentielle de paramètres respectifs λ_1 et λ_2. Les inter-arrivées et les durées de vies suivent une loi exponentielle de valeur médiane fixée à 10 minutes dans notre contexte.

Définition 2 : La médiane du processus d'inter-arrivées est le délai au bout duquel, la moitié des nœuds qui doivent se connecter à l'*overlay*, se connecte effectivement à ce dernier.

Définition 3 : La médiane des durées de vies des nœuds de l'*overlay* est considéré comme le délai au bout duquel, la moitié des nœuds qui doivent quitter le système, le font effectivement.

Thórème 6.2.2 *Fonction inverse : Soit X une variable aléatoire réelle de fonction de répartition* $F : t \mapsto F(t) = P(X \leq t)$ *et U une variable aléatoire de loi uniforme sur* $[0,1]$. *Alors X et* $F^{-1}(U)$ *ont la même loi.*

Preuve. En préalable, pour pouvoir parler de la « variable aléatoire $F^{-1}(U)$ », il nous faut vérifier la mesurabilité de l'application F^{-1} o $U : \Omega \rightarrow \mathbb{R}$. Celle-ci s'obtient par composition en notant que F^{-1} est une fonction croissante, donc borélienne. Ce point étant acquis, on voit facilement que la seule adaptation à apporter à la preuve du cas particulier où F est continue et strictement croissante est la justification de l'équivalence : $\forall U \epsilon[0,1], \forall x \epsilon \mathbb{R}, F^{-1}(U) \leq x \iff u \leq F(x)$, (1) avec F^{-1} définie par : $\forall u \epsilon [0,1], F^{-1} := inf \{x\epsilon\mathbb{R}; F(x) \geq u\}$. Par commodité, nous noterons $A_u = \{t\epsilon \mathbb{R}; F(t) \geq u\}$, d'où $F^{-1} = inf A_u$. Pour établir l'implication directe dans (1), supposons que $F^{-1}(U) \leq x$. Alors pour tout $n \geq 1$, $F^{-1}(u) < x + \frac{1}{n}$ et comme $F^{-1}(u) = inf A_u$, il existe un $t_n \epsilon A_u$ tel que $F^{-1}(u) \leq t_n < x + \frac{1}{n}$. Par définition de A_u, $on a F(t_n) \geq u$ et par croissance de F on en déduit $u \leq F(t_n) \leq F(x + \frac{1}{n})$. Grâce à la continuité à droite de F au point x, on en déduit en faisant tendre n vers l'infini que $u \leq F(x)$. Comme $x \epsilon \mathbb{R}$ et $u \epsilon [0,1]$ étaient quelconques, l'implication directe de (1) est ainsi démontrée. L'implication réciproque est immédiate. En effet, si $u \leq F(x)$, cela signifie que $x \epsilon A_u$. Or $F^{-1}(u) = inf A_u$, donc $F^{-1}(u) \leq x$.

Corollaire 6.2.3 *X suit la loi exponentielle de paramètre* $\lambda \iff F(x) = 1 - e^{-\lambda x} \iff$ $F^{-1}(u) = -\frac{1}{\lambda}ln(1 - u)$. *On pourrait donc poser* $X = -\frac{1}{\lambda}ln(1 - U)$, *mais on peut remarquer que si U suit une loi U[0,1], 1-U également. On pose donc :*
$$X = -\frac{ln(U)}{\lambda}.$$

6.3 Principe de la réplication dans la DHT CLOAK

Dans le but de rendre notre système DHT plus robuste et disponible, nous avons introduit deux mécanismes de réplication. En effet, en exploitant le principe de nommage et de liaison dans le plan hyperbolique de la section 5.5 basés sur le modèle du disque de Poincaré, nous construisons un mécanisme de réplication circulaire. À partir d'une entité nommée A et son hachage avec l'algorithme SHA-1, nous obtenons une clef de 160-bits que nous répartissons en un certain nombre (arbitraire) de sous clefs. Chaque sous-clef permet ainsi de calculer un point P_0 situé sur la bordure du disque du modèle de Poincaré. Le nœud N_0 susceptible de contenir une réplique de l'entité A, est le nœud le plus proche géométriquement du point P_0. Soit n le nombre de sous-clefs obtenu par répartition de la clef de 160-bits. L'ensemble des n répliques circulaires est constitué des N_0, N_1, ..., N_n nœuds les plus proches des points circulaires P_0, P_1, ..., P_n. De même, nous utilisons le terme de réplication radiale pour faire allusion à une réplication en profondeur des données d'une entité A. En effet, à partir de la première réplique trouvée le plus proche du cercle, nous répliquons un maximum de fois les données sur les nœuds parents en direction de la racine de l'arbre hyperbolique. On s'arrête, soit lorsque l'on atteint un nombre de réplications radiales égal à $\left\lfloor \frac{1}{2} \frac{\log N}{\log Q} \right\rfloor$ (Q correspond au degré de l'arbre hyperbolique et N à la taille du réseau), soit lorsque l'on atteint la racine de l'arbre hyperbolique. Il est important de noter que par défaut, tout stockage de données induit une réplication radiale.

6.4 Processus de stockage et de recherche dans la DHT CLOAK

6.4.1 Gestion de la table de stockage

Dans cette étude, nous ne traitons pas à proprement dit des mécanismes de maintenance de l'arbre hyperbolique de notre réseau logique, mais des mécanismes de réplication à même de résister au phénomène de *churn* qui subsiste durant toute la vie de l'*overlay*. Notre mécanisme de détection de défaillance s'appuie sur le stockage périodique des noeuds dans les stockeurs potentiels (cf la section 5.5). Ainsi, après s'être joint à la DHT, chaque noeud doit procéder à un stockage par intervalle de m unité de temps. Si après cet intervalle, un noeud ayant déjà fait un stockage ne réitère pas l'opération, son entrée est supprimée au niveau de la table de stockage de ses stockeurs potentiels. De cette manière, ce noeud est considéré comme défaillant puisque ne pouvant plus être référencé lors d'un lookup. Ceci est illustré par la figure II.6.1.

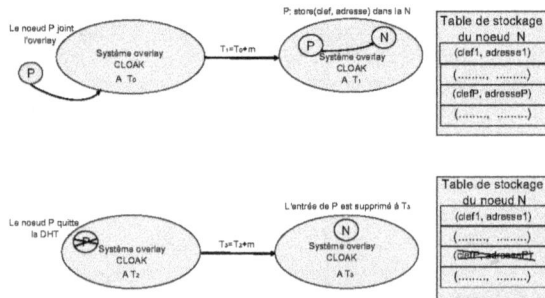

FIGURE II.6.1 –   Mécanisme de gestion de la table de stockage.

6.4.2 Algorithme de stockage

Nous cherchons à travers cet algorithme à montrer de façons simplifiée comment notre système de DHT nommé CLOAK stocke la paire (clef, adresse) sur les différents stockeurs qui sont identifiés. Nous rappelons que la réplication radiale est par défaut effectuée alors que la réplication circulaire est choisie arbitrairement. Dans ce processus, une paire (clef, adresse) peut stocker au maximum $\left\lceil \frac{log(N)}{log(Q)} \right\rceil$ copies (ou répliques) avec N, la taille de l'*overlay* et Q, le degré de l'arbre d'adressage. Cette méthode en situation de *churn* permet d'éviter une surcharge de la racine que nous avons supposée existante dans le système tout au long de la simulation. L'algorithme 3 illustre ce mécanisme.

Algorithme 3: Algorithme de stockage en contexte de réplication

```
StoreReplic(Node Source)
begin
    Srcnom ← Source.GetNom();
    Key ← Hash(Srcnom);
    for (red ← 0, R_Circulaire) do
        prof ← P_Max;
        i ← 1;
        while (i ≤ ⌊½ log(N)/log(Q)⌋ && prof ≥ 0) do
            SrcSubKey[red][prof] ← ComputeSubkey(Key)[red][prof];
            TgtAddress[red][prof] ← ComputeAddress(SrcSubKey[red])[prof];
            Target ← GetTarget(TgtAddress[red][prof]);
            if (route(Source,Target)) then
                i + +;
                put(key, TgtAddress[red][prof]);
            end if
            prof − −;
        end while
    end for
end
```

6.4.3 Algorithme de recherche

Dans ce paragraphe, nous cherchons à présenter le mécanisme de recherche des stockeurs sur lesquels sont sauvegardés les couples (clef, valeur) associés à un pair du système. En effet, lorsqu'un nœud N_0 veut retrouver les données stockées par un nœud N_1, il hache le nom de ce dernier en utilisant l'algorithme SHA-1 et les adresses des nœuds sur lesquelles N_1 a effectué des stores sont retournées à N_0 qui route sa requête en direction des différentes adresses de stockages. L'algorithme 4 illustre ce mécanisme.

Algorithme 4: Algorithme de recherche en contexte de réplication

```
LookupReplic(Node Source, Node Target)
begin
    Targetname ← Target.GetName();
    Key ← Hash(Targetname);
    for (red ← 0, R_Circulaire) do
        prof ← P_Max;
        i ← 1;
        while (i ≤ ⌈log(N)/log(Q)⌉ && prof ≥ 0) do
            TgtAddress[red][prof] ← GetValue(Key);
            Target ← GetNode(TgtAddress[red][prof]);
            if (Target ! = null) then
                i + +;
            end if
            prof − −;
        end while
    end for
end
```

6.5 Analyse de la scalabilité de notre système DHT

Nous fournissons dans cette section une brève analyse de complexité de notre système DHT. Nous définissons premièrement quatre métriques que nous utilisons dans notre analyse. Ces métriques étaient définies et utilisées dans l'étude de Lua et al.[104].

- **Sauts :** cette métrique compte la moyenne du nombre de pairs à traverser avant d'atteindre la destination.
- **Chemins :** cette métrique compte le nombre moyen de chemins qui traverse un pair donné. Ceci est aussi nommé congestion.
- **États :** cette métrique compte le nombre d'états qui doivent être stocké dans un pair pour le routage à savoir égal au nombre d'entrées trouvées dans la table de routage du pair. il est aussi nommé routage ou mémoire d'état.
- **Messages de *churn* :** cette métrique compte le nombre moyen de messages qui sont échangés quand un pair joint ou quitte l'*overlay*. Il est aussi nommé pairs joignant/quittant ou liaison.

Dans notre système, les pairs dans l'*overlay* sont connectés les uns aux autres à souhait. Ainsi, aucune topologie n'est appliquée. Chaque pair peut avoir autant de liens qu'il le veut avec les autres pairs et un lien est au moins un minimum pour établir une connexion *overlay*. La seule exigence est que l'arbre d'adressage incrusté qui est un arbre étendu de l'*overlay* devrait rester valide pour effectuer le routage glouton.

Parce que chaque *overlay* serait au moins (quand aucun lien redondant existe) composé de son arbre d'adressage, les distances entre deux pairs sont de l'ordre de $O(log(n))$ sauts. Si les pairs ont un grand nombre de liens redondant (par exemple des liens n'appartenant pas à l'arbre d'adressage), la distance serait beaucoup plus courte. Si la topologie de l'*overlay* prend la forme d'un réseau d'échelle libre [99] , les distances seraient de l'ordre de $O(log(log(n)))$ comme montrées dans [96]. Quelle que soit la topologie, le nombre de chemin traversant chaque pair (son niveau de congestion) aura une probabilité d'au plus $O(log(n)/n)$.

Quand un pair joint l'*overlay*, seuls ses voisins (par exemple, ceux-là ayant un lien organisé avec le nouveau pair) ont besoin de mettre à jour leur état d'information avec une complexité du coût de message indépendant de n. De façon similaire, quand un pair quitte l'*overlay*, seuls ses voisins ont besoin de mettre à jour leur état d'information en donnant aussi la complexité d'un message est de l'ordre de $O(1)$. Cependant, si l'arbre d'adressage est brisé et ne peut être restauré dans un temps raisonnable tel qu'expliqué dans le papier [14], un ré-adressage partiel peut intervenir pour des pairs ayant des adresses dérivées des adresses des pairs ayant échoué ou

Recherche	Sauts	chemin	État	Message *churn*
CAN	$O(n^{(1/d)})$	$O(n^{(1/d)}/n)$	$O(1)$	$O(1)$
Chord	$O(\log(n))$	$O(\log(n)/n)$	$O(\log(n))$	$O(log^2(n))$
CLOAK	$O(\log(n))$	$O(\log(n)/n)$	$0(1)$	$O(1)/O(n)$
Kademlia	$O(\log(n))$	$O(\log(n)/n)$	$O(\log(n))$	$O(\log(n))$
Pastry	$O(\log(n))$	$O(\log(n)/n)$	$O(\log(n))$	$O(\log(n))$

TABLE II.6.1 – Performances mesurées attendues des différents systèmes DHT

inaccessible. Dans le dernier cas, qui est attendu et hors du commun, la complexité des messages est de l'ordre de O(n).

Le réadressage a besoin de fournir aux pairs la capacité de connexion aux autres pairs qu'ils souhaitent. Si nous forçons des pairs à se connecter à des pairs spécifiques pour la restauration de l'arbre d'adressage (comme fait par Chord, ou l'adresse IP du pair détermine lequel des pairs auquel se connecter) alors la complexité attendue est de l'ordre de O(1) pour un pair quittant l'*overlay*. Ainsi, le réadressage doit être vu comme une option qui ne peut être acceptée si la performance souhaitée est au-dessus de la flexibilité.

Parce que nous utilisons le routage glouton, nous ne devons pas construire et maintenir les tables de routages et le nombre d'états à maintenir dans chacun des pairs est seulement égal au nombre de ses pairs voisins qui ne croissent pas avec n ainsi donnant une complexité constante O(1).

La table II.6.1 compare les complexités de quatre métriques définies dans des systèmes DHTs variés incluant notre solution. Pour CAN, d est un entier supérieur ou égal à 2 et ainsi $0 < 1/d < 1$. Les résultats présentés dans ce tableau ont été rassemblés en utilisant les données publiées dans [104] aussi bien que les analyses précédentes. Notons que les fonctions *log* avec différentes constantes sont considérées équivalentes.

6.6 Analyses comparées des performances de la DHT CLOAK

Dans le but de comparer notre solution de DHT détaillée dans le chapitre précédent, nous avons implémenté l'adressage, le routage et les mécanismes de la DHT CLOAK à l'intérieur du simulateur *Peersim* [108]. Avec les mêmes paramètres (par exemple, durée de simulation, topologie des pairs, longueur de session des pairs, etc.) et le même simulateur, nous avons obtenu des résultats pour Chord [80], Kademlia [61] et MSPastry [94] que nous cherchons à comparer à ceux de CLOAK. Nous avons utilisé un réseau *overlay* de taille initiale égale à 10k nœuds pour deux (02) heures de temps de simulation. Le taux de *churn* varie de 10% à 60% sur des périodes de 10 minutes (par exemple, pendant 10 minutes x% de nœuds quittera l'*overlay* et sera remplacé par y% de nouveaux nœuds suivant une loi de probabilité exponentielle cf. section 6.2). De plus, dans cette expérience, un message de stockage est transmis chaque milliseconde sur le réseau de même qu'un message de recherche. Chaque point de cette courbe, est la moyenne de 15 exécutions et l'écart type est donné.

La figure II.6.2 montre la variation du taux de succès en fonction du nombre de réplications appliqué à notre système *overlay*. On peut noter qu'en abscence de réplication, le taux de succès des requêtes de recherche est en moyenne de 83%. Ce taux varie très peu (de l'ordre de 0.2% à 4%) lorsque l'on effectue 1 à 4 réplications sur le système. L'impact de la réplication sur le taux de succès commence à être significatif lorsque le taux de *churn* augmente.

Ainsi, à 30% de *churn*, 1 réplication induit une hausse du taux de succès de 2.1%, contre 21% pour 4 réplications. De même à 60% de *churn*, le bénéfice de notre mécanisme de réplication se fait sentir d'avantage. Ainsi, après 1 réplication, le taux de succès connaît une hausse de 12% contre 49% avec 4 réplications par rapport au taux de *churn* de 30%. Nous voyons ainsi,

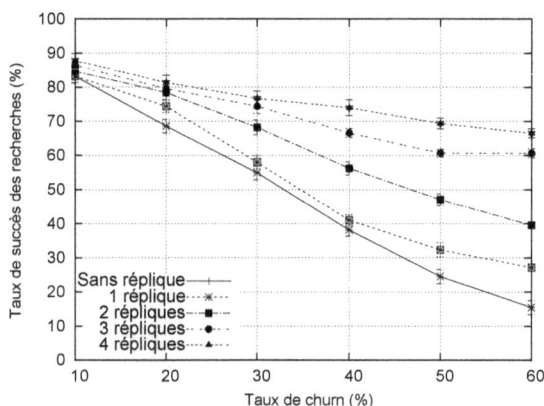

FIGURE II.6.2 –   Variation du taux de succès en fonction des réplications.

l'avantage que procure notre stratégie de réplication sur le taux de succès. Dans la suite, nous étudierons le coût induit par notre stratégie en terme de congestion du réseau. Le résultat obtenu dans le cas des requêtes de stockage est très prôche de celui-ci. Pour éviter les redondances, nous nous limitons au cas du succès dans la recherche.

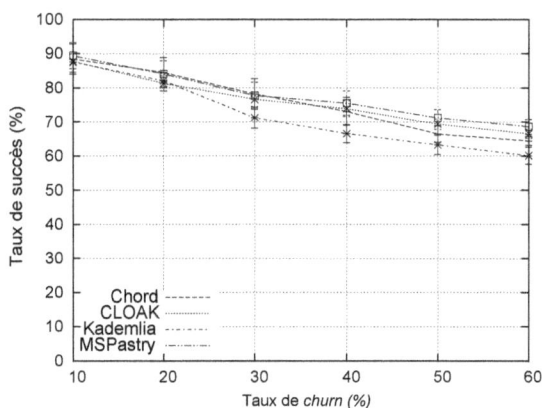

FIGURE II.6.3 –   Comparaison des taux de succès pour la recherche en contexte de *churn*.

La figure II.6.3 montre les taux de succès comparés des requêtes de recherche en fonction du taux de *churn*. Nous pouvons voir que tous les systèmes DHTs s'exécutent de façon similaire avec un ratio de succès linéairement décroissant avec le taux de *churn*. CLOAK a le deuxième meilleur taux de succès, après MSPastry et suivi de près par Chord avec presque les mêmes valeurs pour des taux de *churn* compris entre 10% et 30%. Kademlia a le plus bas taux de succès. Comme la courbe pour les requêtes de stockage est très similaire à celle de la résolution, nous ne la montrons pas pour éviter la redondance.

La figure II.6.4 montre que les longueurs comparées du chemin mesuré en nombre de sauts des requêtes de recherche en fonction du *churn*. Ici encore, les systèmes DHTs ont le même comportement avec une longueur de chemin (en sauts) faiblement décroissant lorsque le taux de *churn* augmente. MSPastry présente la plus courte longueur de chemin, suivi de CLOAK. Kademlia a en moyenne 0.6 saut de plus que MSPastry quel que soit le taux de *churn*, tandis que Chord a en moyenne une longueur du chemin supérieur de 1.2 pour MSPastry et de 1 pour CLOAK, bien que cette différence tende à décroître quand le taux *churn* est supérieur ou égal à 40%. Comme pour le taux de succès, nous ne montrons pas la courbe pour le nombre de sauts des requêtes de stockage parce qu'ils sont très similaires à celle de la résolution.

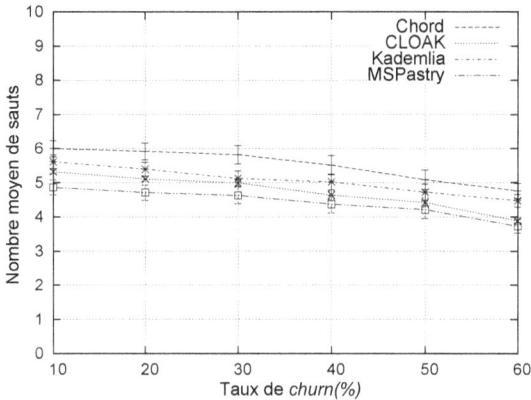

FIGURE II.6.4 –   Comparaison des nombres de sauts pour la recherche en contexte de *churn*.

La figure II.6.5 montre que les latences moyennes comparées des requêtes de résolution en fonction du taux de *churn*. En effet, un chemin mesuré en nombre de sauts n'est pas nécessairement traduit en une haute latence, nous avons mesuré cette dernière pour évaluer le temps pris par une requête pour être traitée. Tous les systèmes de DHTs ont presque la même latence à chaque taux de *churn*, excepté Kademlia qui a particulièrement entre 200ms et 280ms de plus que les autres. Les résultats illustrent notre point supérieur qui malgré la longueur du chemin, Chord s'exécute aussi bien que MSPastry et CLOAK quand la latence est observée.

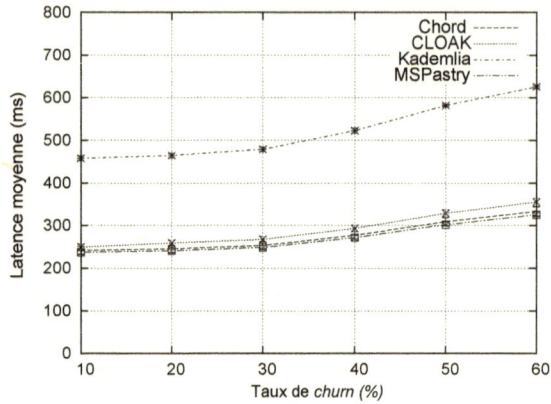

FIGURE II.6.5 –   Comparaison des latences pour la recherche en contexte de *churn*.

La figure II.6.6 montre la latence moyenne des requêtes de stockages en fonction du taux de *churn*. À l'opposé des métriques du taux de succès et du nombre de sauts, ici la courbe des requêtes de stockage est un peu différente de celle de résolution.

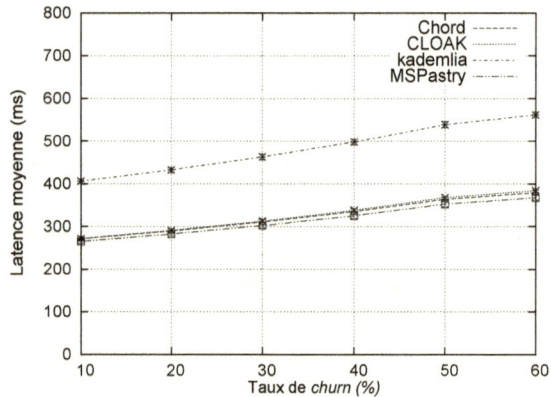

FIGURE II.6.6 –   Comparaison des latences pour le stockage en contexte de *churn*.

Tous ces résultats de comparaisons montrent que CLOAK s'exécute aussi bien que Chord, MSPastry et Kademlia qui sont trois systèmes de DHTs populaires que nous avons comparé à CLOAK. Ces résultats confirment nos analyses de la section 6.5. L'avantage clé de notre solution est que les pairs peuvent se connecter librement les uns aux autres, tandis que dans les autres systèmes DHTs tels que Chord, les pairs doivent s'insérer dans la DHT en se connectant à un autre pair prédéterminé en fonction de leurs adresses IP. Un autre avantage est le faible coût de construction de notre DHT au-dessus de notre système d'adressage et de routage. L'utilisation d'un autre système DHT nous imposerait d'utiliser deux systèmes de routages différents avec le coût associé. Notre système de routage hyperbolique glouton pour l'*overlay* est un système de clés à base de routage pour la DHT. Les résultats des simulations nous encouragent à garder notre système de DHT à l'intérieur de l'*overlay* CLOAK.

6.7 Analyse de la variation de la *valence*

Définition 4 : la *valence* d'un pair (ou d'un nœud) est le nombre de voisins que ce pair possède, c'est-à-dire le nombre de pairs avec lesquels il est directement connecté.

Dans cette section, nous cherchons à analyser la variation du nombre de chemins alternatifs de routage dans l'*overlay*. Ainsi, nous voulons mesurer la capacité du réseau *overlay* à utiliser les *shortcuts* (raccourcis en français) afin de pallier au problème de *churn*. Nous considérons dans nos simulations un réseau de 10k nœuds. Un message de stockage et un message de recherche sont envoyés chaque milliseconde sur le réseau. De plus, nous observons les résultats toutes les 10 minutes pendant 2 heures et les résultats que nous présentons sont une agrégation de 15 expériences.

6.7.1 Impact du *churn* sur la *valence*

Nous faisons varier le taux de *churn* entre 10% et 60% par intervalle de 10 et nous cherchons à voir comment le système réagit face à ces perturbations. Les figures suivantes illustrent les résultats de nos simulations. La valence est en *log(base 2)* sur les figures.

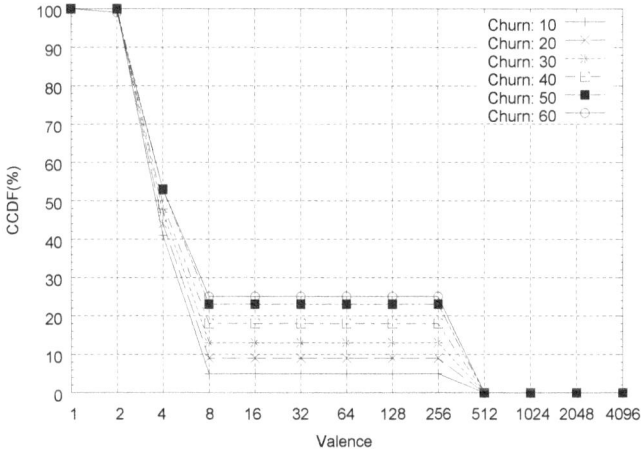

FIGURE II.6.7 –   Valence après 10 min : 1 réplication

La figure II.6.7 indique une proportion similaire de nœuds *overlay* avec une valence en 1 et 2 quel que soit le taux de *chun* entre 10% et 60%. Ces proportions se différencient pour une valence comprise entre 2 et 8 et se stabilisent pour des valences variant de 8 à 256 nœuds. Ainsi, on note qu'après 10 minutes de simulation, 5% des nœuds ont une valence supérieure à 8 nœuds pour un *churn* de 10%, contre respectivement 25% pour 60% de taux de *churn*. On notera aussi qu'aucun nœud n'a une valence supérieure à 512. Ce résultat s'explique par le fait que notre architecture de DHT CLOAK afin d' être tolérant aux fautes induit par la rupture de chemins d'acheminement suite au phénomène de *churn* crée plusieurs liaisons secondaires (raccourcis ou *shortcut* en anglais) avec d'autres nœuds du système. Ainsi, lorsque le taux de *churn* passe de 10% à 60%, on observe une hausse de 271% en moyenne de la valence. De plus, en l'absence de ce mecanisme, le taux de succès serait nulle contre environ 16% dans un contexte sans réplication (cf figure II.6.2).

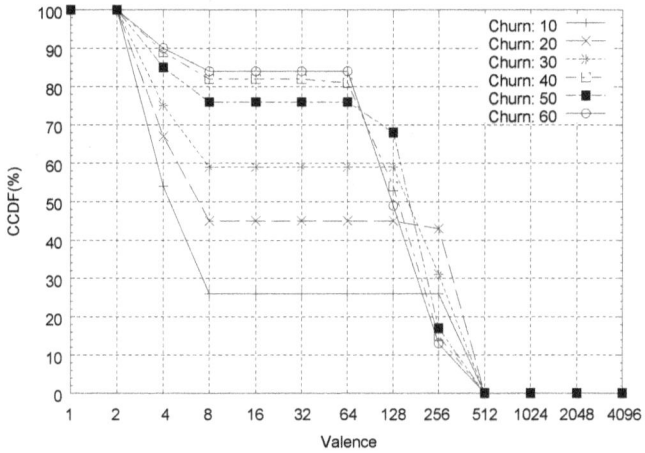

FIGURE II.6.8 –   Valence après 2h : 1 réplications

La figure II.6.8 indique qu'après 2 heures de simulation, la tendance reste identique au début. Ainsi, la proportion des nœuds ayant une valence comprise entre 8 et 64 croît avec le taux de *churn*. On notera aussi que le comportement de cette métrique après 1 heure de simulation est identique à celui après 2 heures d'où le choix d'en faire une représentation pour 2 heures correspondant au régime régulier. Dans cette représentation, on note que 26% des nœuds ont une valence comprise entre 8 et 64 contre de 44% à 84% des nœuds ayant une valence comprise dans le même intervalle pour un taux de *churn* variant de 10% à 60%. Ainsi, lorsque le taux de *churn* passe de 10% à 60%, nous observons une hausse de 40% du nombre de nœuds ayant une valence comprise entre 8 et 64.

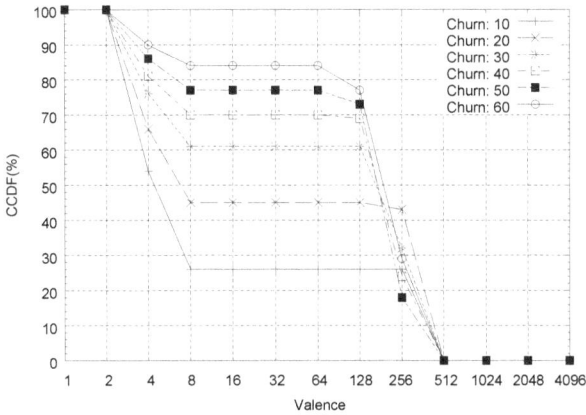

FIGURE II.6.9 – Valence après 2h : 4 réplications

La figure II.6.9 représente le comportement la variation de la valence dans notre système *overlay* lorsque nous répliquons 4 fois les données stockées après 2 heures de simulation (régime régulier). Comme dans le cas d'une seule réplication associée à chaque donnée stockée, on observe une hausse de la proportion des nœuds ayant une valence entre 8 et 64 lorsque le taux de *churn* augmente. De plus, on note que 44% des nœuds ont une valence comprise entre 8 et 32 contre 26% à 10% de *churn* et 97% des nœuds ont une valence comprise entre 8 et 32 contre 76%. On peut conclure en effectuant 4 réplications, on augmente d'à peu près 20% la valence dans le système.

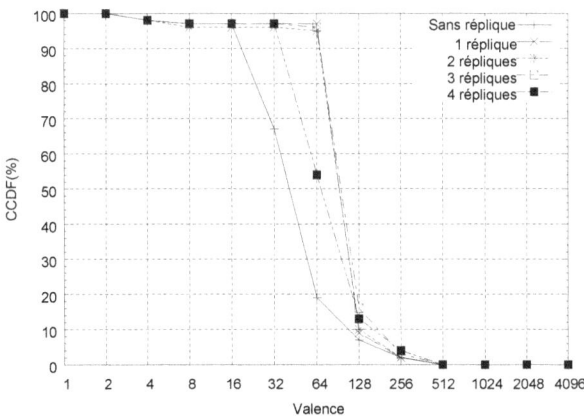

FIGURE II.6.10 – 60% de *churn* après 2h

6.7.2 Impact de la réplication sur la *valence*

À 10% comme à 60% après 2 heures, la variation de la valence en fonction du nombre de réplication est semblable. Nous choisissons donc de réprésenter cette variation à 60% comme l'illustre la figure II.6.10 pour éviter la redondance. Ainsi, sur cette figure, nous pouvons remarquer une quasi-coïncidence des courbes illustrant la variation de la valence pour différent niveau de répliques lorsque la valence est comprise entre 1 et 16. Cette similitude semble indiquer que pour un même dynamisme du réseau, les réplications n'ont aucune incidence sur les nœuds ayant une valence dans cet intervalle. Les courbes ont tendance à se différencier avec un plus fort taux de nœuds ayant une valence comprise entre 128 et 512 et sans réplique que ceux ayant 4 répliques. Ce résultat semble intéressant dans la mesure ou notre stratégie n'est pas couteuse en terme création de nouveaux liens (raccourcis ou *shortcuts* en anglais), mais permet d'augmenter le taux de succès des requêtes de recherche et de stockage.

6.8 Analyse des *overheads*

Dans cette section nous cherchons à étudier le phénomène des *overheads* par exemple le nombre moyen de messages qui traverse chaque nœud pendant un intervalle de temps pour chaque type de requête (stockage, recherche). Pour cela, nous avons tracé une CCDF (*Complementary Cumulative Distribution Function* en anglais) afin de voir si son allure est typique. Ainsi, nous analysons l'impact du *churn* et de la réplication sur le nombre de messages qui traversent les nœuds de l'*overlay* dans le cas du stockage et de la recherche. L'*overhead* est en *log(base 10)* sur les figures.

6.8.1 Impact du *churn* sur les *overheads*

Notre processus de stockage s'effectue comme décrit dans la section 5.4.2 avec un choix de profondeur égal à 12 ici. Il en est de même pour la recherche de données dans l'*overlay*. Dans la recherche, une requête est transmise et l'emplacement potentiel de la ressource associée est calculé avant le routage de la requête en direction des nœuds susceptibles de posséder la ressource demandée.

La variation du niveau d'*overhead* de notre système *overlay* par rapport au taux de *churn* indique des comportements similaires après 10 minutes de simulation pour 1 et 4 réplications dans le cas de la recherche comme du stockage. Nous choisissons de ne représenter que le cas de la recherche après 10 minutes et pour 4 réplications. La figure II.6.11 montre une légère différenciation selon le taux de *churn*. Ainsi, cette figure indique que plus le taux de *churn* est élevé, moins les nœuds sont traversés par des messages. On note par exemple que 47% des nœuds sont traversés par au moins 10000 messages de recherche à 60% de *churn* contre 52% à 10% de *churn*. Ce résultat est normale car plus il y a de *churn*, plus le nombre de liens secondaires (raccourcis ou *shortcuts*) se crée et moins les mêmes chemins sont empruntés dans le routage *overlay* entrainant ainsi, une faible congestion dans le système. Une fois encore, nous montrons à travers ces résultats la flexibilité de notre mécanisme de recherche qui malgré un fort taux de *churn* enrégistre une certaine fluidité des messages dans le système.

La figure II.6.12 vient confirmer nos résultats après 10 minutes. En effet, après 1 heure comme après 2 heures, nous obtenons des courbes similaires et de ce fait, nous choisissons de représenter une seule situation de régime régulier qu'est celui de 2 heures. On note à travers ce nouveau résultat, un écart plus significatif entre les courbes pour les différents niveaux de *churn*. Ainsi, par exemple, 60% de nœuds sont traversés par en moyenne plus de 10000 messages de recherche à 60% de *churn* contre 76% des nœuds par le même nombre de messages à 10% de *churn*.

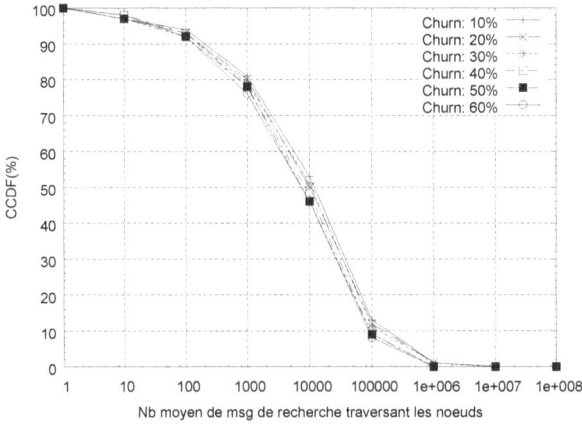

FIGURE II.6.11 – *Lookup* : 4 réplications après 10min

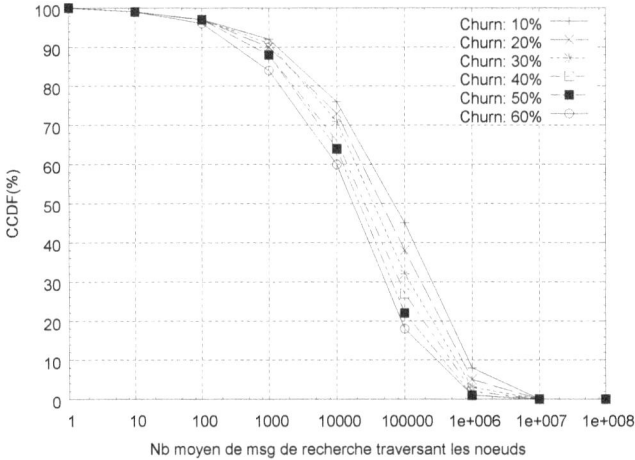

FIGURE II.6.12 – *Lookup* : 4 réplications après 2h

6.8.2 Impact de la réplication sur les *overheads*

Les courbes représentant le nombre moyen de message qui traverse les nœuds pour un taux de *churn* de 10% et de 60% après 10 minutes, 1 heure et 2 heures sont très proches. Il en est de même pour les courbes de stockage et de recherche. Nous choisissons donc pour le cas des messages de recherche et de stockage, de représenter les CCDF après 2 heures pour 60% de taux *churn* dans le cas de la recherche.

La figure II.6.13 montre une augmentation de l'*overhead* suivant le nombre de réplication. En effet, on note qu'en absence de réplication, 33% des nœuds sont traversés par en moyenne plus de 10000 messages de recherche contre 60% des nœuds par le même nombre de messages dans le cas de 4 réplications. De même 4% de nœuds est traversé par plus de 1e+005 messages en absence de réplication contre 18% dans le cas de 4 réplications. Ce résultat est normal, car, la hausse du nombre de réplication induit une hausse de nombre de messages transitant sur le réseau. Ainsi, lorsque les répliques passe de 1 à 4 répliques, le nombre de nœuds traversé par plus 1000 messages augmente de 15% contre une hausse 12% pour les nœuds traversés par plus de 1e+005 messages.

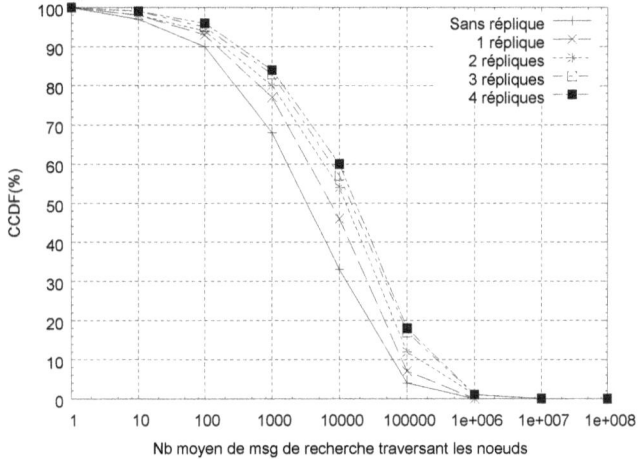

FIGURE II.6.13 –   *Lookup* : 60% de *churn* après 2h

6.9 Analyse de la table de stockage

Notre objectif dans cette section est d'étudier la variation de la taille des tables de stockages (en anglais *storage table*) dans notre *overlay* soumis à un dynamisme dont le taux varie de 10% à 60%. Dans cette perspective, les résultats de nos simulations ont été agrégés et les courbes suivantes ont été obtenues. Nous cherchons également à savoir si la distribution de la taille des tables de stockage a une allure typique. Par ailleurs, nous étudions l'incidence de notre stratégie de réplication sur la table de stockage. La taille de la table de stockage est donnée en *log(base 2)* sur les figures.

6.9.1 Impact du *churn* sur la table de stockage

En raison de la proximité des figures illustratrices de la répartition de la taille des tables de stockage après 1 heure et 2 heures, puis les cas sans réplication et avec 4 réplications, nous choisissons de représenter celles concernant respectivement les cas des 10 minutes et des 2 heures avec 4 réplications.

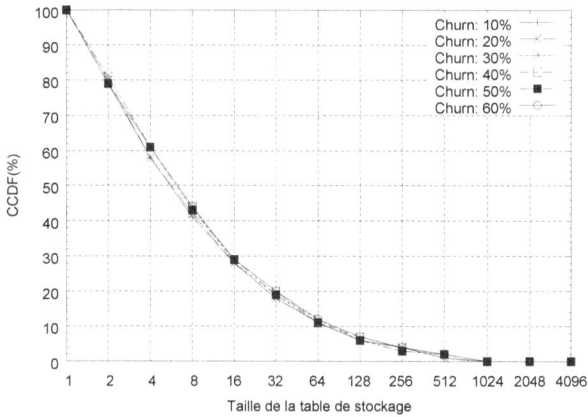

FIGURE II.6.14 –   4 réplications après 10min

La figure II.6.14 montre des courbes dont les allures sont très proches d'une distribution à queue lourde (en anglais *heavy tail*). Aussi, après 10 minutes, la distribution des tailles de tables de stockage paraît se resserrer pour les taux de *churn* de 10% à 60%. Cette situation montre néanmoins que lorsque le taux de *churn* augmente, la taille moyenne des tables de stockage diminue.

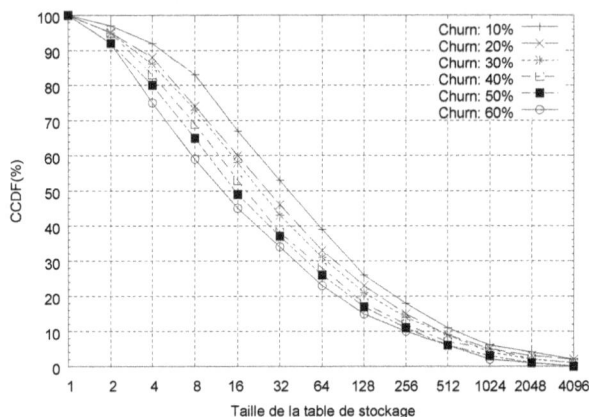

FIGURE II.6.15 –   4 réplications après 2h

La figure II.6.15 montre que cette tendance se confirme avec la durée de simulation. En effet après 1 heure et 2 heures de simulation les courbes montrent une différenciation très significative. Ainsi, on note qu'après 2 heures, 88% des stockeurs ont une taille supérieure à 4 pour un taux de *churn* de 10% contre 65% des stockeurs avec une taille supérieure à 4 pour un taux de *churn* de 60%. Cette différenciation devient moins perceptible à partir d'une taille supérieure 64. Ces résultats indiquent que plus il y a de *churn* dans le système, moins les stockeurs sont accessibles, avec la perte des requêtes de stockage, ses derniers stockent moins de données. Ainsi, pour 80% des nœuds, une variation du taux de *churn* de 10% à 60% induit une diminution de moitié de la taille des tables de stockage.

6.9.2 Impact de la réplication sur la table de stockage

Les courbes de répartition des tables de stockage ont des allures très proches pour le cas d'un taux de *churn* de 10% et de 60% après 10 minutes, 1 heure et 2 heures. Nous avons donc choisi de représenter la répartition pour le cas de 60% de *churn* après 2 heures de simulation.

La courbe II.6.16 montre que la variation de la taille des tables de stockages suit une loi de distribution à queue lourde (en anglais *heavy tail*).

De plus, on note que quelle que soit la durée de la simulation, la taille de la table de stockage croît avec le nombre de réplications. En effet, la courbe représentant la distribution de la taille de la table de stockage se détache des autres courbes. Pour les autres niveaux de réplication, on observe des resserrements entre les courbes.

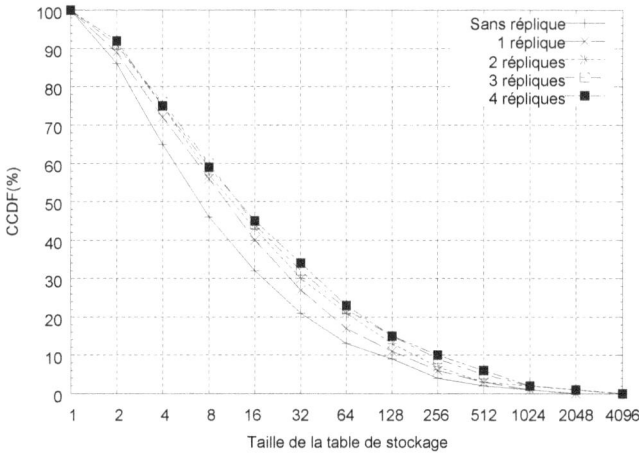

FIGURE II.6.16 –   60% de *churn* après 2h

6.10 Conclusion

Les applications Internet actuelles sont toujours fortement tributaires de leurs connexions au niveau de la couche transport, ce qui empêche le fonctionnement de la sécurité de bout-en-bout et la mobilité dans le fonctionnement du réseau dynamique. Nos travaux ont consisté à s'inspirer de la nouvelle architecture qui permet de découpler la communication de leurs supports équipements. Ceci renforce la séparation complète des équipements, applications et entités telles que les utilisateurs, les services et les données. Notre architecture est basée sur un réseau *overlay* P2P où chaque pair a un nom permanent et une adresse variable qui est fonction de sa position dans l'*overlay*. Dans le but d'étudier la performance de notre réseau en contexte dynamique, nous avons présenté notre modèle de *churn* puis nous avons procédé à l'analyse de la scalabilité avec 10k nœuds et par une exécution des simulations, nous effectuons une évaluation de son efficacité comparativement aux différentes DHTs existantes. Ainsi, avec notre système DHT, nous arrivons à améliorer de 12% à 49% le taux de succès des requêtes de recherche après avoir effectué 1 à 4 réplications en contexte de très fort dynamisme. Aussi, l'étude de la valence indique que notre système n'est pas coûteux en terme de création de liens raccourcis, mais garantit un très bon taux de succès de requêtes de recherche et de stockage en contexte de haut *churn*. De plus, nous montrons à travers ces résultats que notre système est flexible car offrant une robustesse du routage des messages au niveau *overlay* même en présence d'un grand dynamisme du système. Plus généralement, les différents résultats de simulations dans ce chapitre montrent que notre système DHT est scalable, flexible et a des performances similaires aux autres DHTs pour toutes les métriques usuelles des *overlays*.

Chapitre 7

Conclusion Générale

7.1 Bilan

Dans cette thèse, nous nous sommes intéressés aux architectures P2P. Par définition, le terme P2P fait allusion à un modèle de réseau informatique dans lequel tous les nœuds sont des *servents*. Jusqu'à présent, ce concept a été largement utilisé dans les partages de contenu et de fichiers. D'autres domaines applicatifs ont commencé dernièrement à susciter des intérêts. L'avantage de ce concept est sa décentralisation. En effet, il n'y a pas de serveur centralisé. Les pairs peuvent communiquer directement entre eux ce qui offre de nouvelles possibilités aux échanges de ressources entre ces derniers. La spécificité de tels réseaux est que les nœuds sont géographiquement distribués et ont des ressources à la fois hétérogènes et asymétriques. De plus, les pairs sont hautement dynamiques puisque les propriétaires des pairs peuvent décider à tout moment de joindre ou de quitter le réseau. Ces nouvelles particularités propres au réseau P2P offrent de nouvelles opportunités. Il est de ce fait important d'en tenir compte et plus particulièrement des points de faiblesse qui peuvent paraître.

Les architectures P2P du type première génération (non structurées) sont de nos jours relativement pratiques pour les recherches et réplications d'informations populaires, en même temps qu'ils tirent partis de la variété des capacités des différents pairs constituant le réseau. Parallèlement, les architectures P2P structurées (basées sur les DHTs) permettent non seulement de répliquer, mais aussi de rechercher efficacement n'importe quelle donnée indépendamment de sa popularité. Ainsi, les contributions de cette thèse concernent la mise en place d'un nouveau protocole P2P libre de toutes contraintes topologiques à la différence de la plupart des autres protocoles P2P existants. Nous nous sommes focalisés sur l'analyse des performances du protocole CLOAK suivant un certain nombre de métriques à savoir le taux de succès des requêtes de stockage et de recherche, la longueur des chemins de routage des requêtes, l'étirement, le nombre de sauts *overlay* des requêtes, la latence, les *overheads*, le nombre de voisins par nœuds entre autres. Nous avons ainsi montré par simulation que pour la plupart des métriques étudiées, le protocole CLOAK a des performances similaires aux autres DHTs existantes. Pour faire face au phénomène de *churn*, nous avons développé deux niveaux de stratégies de réplication dites, radiale et circulaire.

A ce stade, nous ne sommes pas en mesure d'affirmer que nous avons fait le tour de toutes les questions relatives à notre DHT dans cette thèse. Les études expérimentales que nous avons présentées ont été réalisées à l'aide du simulateur *peersim* permettant un passage à l'échelle, et nous avons omis certainement de nombreux paramètres nécessaires à une simulation se rapprochant d'un environnement réaliste. Cette thèse valide des éléments de conception pour l'architecture de réseau P2P CLOAK. Ces études concernant un certain nombre de paramètres dont entre autres : le taux de succès, le nombre moyen de sauts *overlay*, la latence moyenne, la valence moyenne, les *overheads*, la taille des tables de stockage ; indique clairement que notre système est scalable et flexible en théorie. Cependant, il reste à la tester en pratique et à grande échelle.

7.2 Perspectives

Comme indiqué précédemment, une première extension de notre travail consisterait à rendre plus réaliste les simulations que nous effectuons afin de pouvoir stocker des noms et adresses de pairs géographiquement distribués entre autres.

Par ailleurs, notre arbre hyperbolique est bien adapté au réseau P2P dont les nœuds possèdent des capacités virtuelles fluctuantes sur un intervalle donné. De plus, notre topologie virtuelle peut être entretenue à faible coût. Enfin, les départs et pannes aléatoires des nœuds n'affectent pas les performances globales de notre *overlay*. Cependant, au niveau de la sécurité, des attaques coordonnées peuvent mettre en péril la survie de l'*overlay* : les nœuds de *valences* élevées ont un rôle entre autres de point de propagation d'un plus grand nombre de messages. Il y a deux manières de résoudre ce problème : rendre le système moins dépendant des pairs de grande *valence* ou faire en sorte que la réparation au niveau du système soit rapide et efficace. Il semble difficile d'améliorer considérablement le premier point, car les bonnes performances de couverture de notre DHT que nous obtenons sont justement dues à une exploitation maximale de l'hétérogénéité. Le second point peut par contre être amélioré. Comme nous l'avons mentionné dans le dernier chapitre, certains pairs de petite *valence* voient passer beaucoup de requêtes : ces pairs sont directement connectés à un ou plusieurs pairs de grande *valence*. Pour une question d'optimisation, il sera judicieux de pouvoir placer les pairs en sous charge au voisinage immédiat des pairs de grande *valence*.

Cela aura pour conséquence que les pairs voient passer une quantité de requête proportionnelle à leur capacité (mémoire, CPU, bande passante) et améliorerait dans le même temps la réparation du maillage. On pourrait envisager un mécanisme de création/suppression de liens redondants adéquats pour les flux selon les capacités des nœuds.

La stratégie de réplication que nous avons présentée utilise un mécanisme de dispersion radiale et circulaire, en ajoutant à l'identifiant d'une donnée son positionnement sur le stockeur. On pourrait aussi fragmenter les données de façon à ce que tous les fragments aient alors la même taille (ou bornée dans la mesure du possible), pendant que les données de tailles différentes sont identifiées par un nombre de fragments différents.

L'étude que nous avons réalisée reste encore incomplète, certains aspects restent encore à préciser comme notamment la gestion de situations rares, mais délicates comme la panne simultanée de plusieurs nœuds voisins ou le *flash crowd*. L'architecture que nous avons proposée n'a été testée qu'en simulation : une étude dans un environnement réaliste permettrait sans doute permettre de préciser certains aspects afin de confirmer ou non la viabilité de notre système de DHT CLOAK.

Nous pensons aussi que les algorithmes de réplication circulaire et radiale que nous avons proposé peuvent être améliorés. L'idée serait de combiner des éléments de *crawling* avec notre stratégie. Ainsi, au niveau application, les utilisateurs en fonction de leurs centres d'intérêts auraient des descripteurs et ainsi, l'algorithme de réplication partant de ces descripteurs pourrait créer en fonction de la popularité de données, des répliques là elles sont le plus utiles. Cela aura pour conséquence d'une part de diminuer le trafic réseau et d'autre part de réduire les temps d'accès à l'information.

Troisième partie

Annexes

Glossaire

3G La troisième génération (3G) désigne une génération de normes de téléphonie mobile. Elle est représentée principalement par les normes Universal Mobile Telecommunication System (UMTS) et CDMA2000, permettant des débits bien plus rapides (de 2 à 42 Mb/s prévus à maturité du réseau) qu'avec la génération précédente, par exemple le GSM. . 73

DNS Le *Domain Name System* (ou DNS, système de noms de domaine) est un service permettant de traduire un nom de domaine en informations de plusieurs types qui y sont associées, notamment en adresses IP de la machine portant ce nom. . 24

GUID Un GUID (abréviation de l'anglais Globally Unique IDentifier) sert habituellement d'identifiant unique pour un composant logiciel, par exemple un plugin. Sa taille est de 16 octets, soit 128 bits (exemple : 3F2504E0-4F89-11D3-9A0C-0305E82C3301), décomposés en :
  – 4 octets,
  – 3 groupes de 2 octets,
  – 6 octets.
. 38

H323 H.323 regroupe un ensemble de protocoles de communication de la voix, de l'image et de données sur IP. C'est un protocole développé par l'UIT-T qui le définit comme : » Systèmes de communication multimédia en mode paquet « .Il est dérivé du protocole H.320, utilisé sur RNIS. . 80

IPTV La télévision IP, ou télévision sur IP, ou l'IPTV (de l'anglais Internet Protocol Television) est une forme de télévision diffusée sur un réseau utilisant le protocole IP (Internet Protocol). . 80

MobileIP La mobilité IP (mobile IP ou IP mobility en anglais) est un protocole standard de communications de l'IETF (Internet Engineering Task Force). Il a été conçu pour permettre aux utilisateurs de se déplacer depuis un réseau IP vers un autre réseau IP tout en maintenant les connexions actives et la même adresse IP. La mobilité IP pour IPv4 est décrite dans la RFC 5944, avec des extensions décrites dans la RFC 4721. La mobilité IPv6, l'implémentation de la mobilité IP pour IPv6, est définie dans la RFC 3775. . 73

PPP Il s'agit du *Point-to-Point Protocol*(protocole point à point) est un protocole de transmission pour l'Internet, décrit par le standard RFC 1661, fortement basé sur HDLC (*High-Level Data Link Control*), qui permet d'établir une connexion de type liaison entre deux

hôtes sur une liaison point à point. Il fait partie de la couche de liaison (couche 2) du modèle OSI.
. 25

SHA-1 SHA-1 (Secure Hash Algorithm) est une fonction de hachage cryptographique conçue par la National Security Agency des États-Unis (NSA), et publiée par le gouvernement des États-Unis comme un standard fédéral de traitement de l'information (Federal Information Processing Standard du National Institute of Standards and Technology (NIST)). Elle produit un résultat (appelé « hash » ou condensat) de 160 bits.
. 37

SIP Session Initiation Protocol (SIP) est un protocole standard ouvert de gestion de sessions souvent utilisé dans les télécommunications multimédias (son, image, etc.). Il est depuis 2007 le plus courant pour la téléphonie par internet (la VoIP). SIP n'est pas seulement destiné à la VoIP, mais aussi à de nombreuses autres applications telles que la visiophonie, la messagerie instantanée, la réalité virtuelle ou même les jeux vidéo.
. 80

TTL Le Time To Live (*temps de vie* ou *durée de vie*), abrégé TTL, indique le temps pendant lequel une information doit être conservée, ou le temps pendant lequel une information doit être gardée en cache.
. 34

VoD La vidéo à la demande (VàD), vidéo sur demande (VsD) ou encore vidéo à la séance (définition juridique Service de médias audiovisuel à la demande), souvent abrégée en Europe francophone en VoD (de l'anglais Video on demand), est une technique de diffusion de contenus vidéo numériques bidirectionnelle (interactive) offerts ou vendus par les réseaux câblés, comme Internet, ou les réseaux non câblés, comme la téléphonie troisième génération.. 80

WIFI Désigné par *Wireless Fidelity* , il s'agit d'un ensemble de protocoles de communication sans fil régi par les normes du groupe IEEE 802.11 (ISO/CEI 8802-11). Un réseau Wi-Fi permet de relier sans fil plusieurs appareils informatiques (ordinateur, routeur, décodeur Internet, etc.) au sein d'un réseau informatique afin de permettre la transmission de données entre eux.
. 73

WIMAX (acronyme pour Worldwide Interoperability for Microwave Access) désigne un standard de communication sans fil. Aujourd'hui surtout utilisé comme mode de transmission et d'accès à Internet haut débit, portant sur une zone géographique étendue. Ce terme est également employé comme label commercial, à l'instar du Wi-Fi.
. 73

Références bibliographiques

Références concernant la partie I

[1] Freenet. http://freenet.sourceforge.net.

[2] Gnutella. http://gnutella.wego.com.

[3] Understanding the dynamic of peer-to-peer systems, 2007.

[4] Karl Aberer. P-Grid : A self-organizing access structure for P2P information systems. In *In CoopIS*, pages 179–194, 2001.

[5] James Aspnes and Gauri Shah. Skip graphs. In *Fourteenth Annual ACM-SIAM Symposium on Discrete Algorithms*, pages 384–393, Baltimore, MD, USA, 12–14 January 2003.

[6] Hari Balakrishnan, M. Frans Kaashoek, David Karger, Robert Morris, and Ion Stoica. Looking up data in P2P systems. *Commun. ACM*, 46(2) :43–48, February 2003.

[7] Suman Banerjee, Bobby Bhattacharjee, and Christopher Kommareddy. Scalable application layer multicast, 2002.

[8] Salman A. Baset and Henning G. Schulzrinne. An analysis of the skype peer-to-peer internet telephony protocol. Technical report, 2004.

[9] A. F. Beardon and David Minda. The hyperbolic metric and geometric function theory. In *Proceedings of the International Workshop on Quasiconformal Mappings And Their Applications*, 2006.

[10] Ranjita Bhagwan, Stefan Savage, and Geoffrey M. Voelker. Understanding availability, 2003.

[11] Fabián Bustamante and Yi Qiao. Friendships that last : Peer lifespan and its role in P2P protocols, 2003.

[12] Cyril Cassagnes, David Bromberg, and Damien Magoni. An Overlay Architecture for Achieving Total Flexibility in Internet Communications. In *8th International Conference on Advanced Information Technologies for Management*, pages pp. 39–60, Wroclaw, Pologne, November 2010.

[13] Cyril Cassagnes, Damien Magoni, Hyunseok Chang, Wenjie Wang, and Sugih Jamin. Scalability and Efficiency of Push-Driven P2PTV Systems. *Journal of Communications Software and Systems (JCOMSS)*, 2012.

[14] Cyril Cassagnes, Telesphore Tiendrebeogo, David. Bromberg, and Damien. Magoni. Overlay addressing and routing system based on hyperbolic geometry. In *Proceedings of the 2011 IEEE Symposium on Computers and Communications*, ISCC '11, pages 294–301, Washington, DC, USA, 2011. IEEE Computer Society.

[15] Miguel Castro, Manuel Costa, and Antony Rowstron. Performance and dependability of structured peer-to-peer overlays. In *Proceedings of the 2004 International Conference on Dependable Systems and Networks*, DSN '04, pages 9–, Washington, DC, USA, 2004. IEEE Computer Society.

[16] Meeyoung Cha, Pablo Rodriguez, Sue Moon, and Jon Crowcroft. On Next-Generation Telco-Managed P2P TV Architectures. In *Proceedings of the 7th International Workshop on Peer-to-Peer Systems*, 2008.

[17] Jacky Chu, Kevin Labonte, and Brian Neil Levine. Availability and locality measurements of peer-to-peer file systems. In *In Proceedings of ITCom : Scalability and Traffic Control in IP Networks*, 2002.

[18] Yang-hua Chu, Sanjay G. Rao, and Hui Zhang. A case for end system multicast (keynote address). *SIGMETRICS Perform. Eval. Rev.*, 28(1) :1–12, June 2000.

[19] Courcelle and Bruno. Introduction à la théorie des graphes :définitions, applications et techniques de preuves. Technical report, Université Bordeaux 1, LaBRI (CNRS UMR 5800), April 2004.

[20] Andrej Cvetkovski and Mark Crovella. Hyperbolic embedding and routing for dynamic graphs. In *Proceedings of the 28th IEEE International Conference on Computer Communications*, 2009.

[21] Aiping Deng and Yaokun Wu. De bruijn digraphs and affine transformations. *Eur. J. Comb.*, 26(8) :1191–1206, November 2005.

[22] Peter Druschel and Antony Rowstron. Past : A large-scale, persistent peer-to-peer storage utility. In *HotOS VIII*, pages 75–80, 2001.

[23] Amit Dvir and Niklas Carlsson. Power-aware recovery for geographic routing. In *Proceedings of the IEEE conference on Wireless Communications & Networking*, pages 2851–2856. IEEE Press, 2009.

[24] Bustamante Fabián E. and Qiao Yi. Designing less-structured P2P systems for the expected high churn. *IEEE/ACM Trans. Netw.*, 16(3) :617–627, June 2008.

[25] Viktoria Fodor and Ilias Chatzidrossos. Playback delay in mesh-based peer-to-peer systems with random packet forwarding and transmission capacity limitations. *Int. J. Internet Protoc. Technol.*, 3(4) :257–265, March 2008.

[26] Ian Foster and Adriana Iamnitchi. On death, taxes, and the convergence of peer-to-peer and grid computing. In *In 2nd International Workshop on Peer-to-Peer Systems (IPTPS' 03*, pages 118–128, 2003.

[27] Pierre Fraigniaud and Philippe Gauron. D2B : a de Bruijn based content-addressable network. *Theor. Comput. Sci.*, 355(1) :65–79, 2006.

[28] Pierre Fraigniaud and George Giakkoupis. The effect of power-law degrees on the navigability of small worlds. In *In 28th ACM Symposium on Principles of Distributed Computing (PODC)*, 2009.

[29] Anh-Tuan Gai and Laurent Viennot. Broose : A Practical Distributed Hashtable Based on the De-Bruijn Topology. In *Proceedings of the 4th International Conference on Peer-to-Peer Computing (P2P)*, pages 167–174, Zurich, Suisse, 2004.

[30] G. Ghinita and Yong Meng Teo. An adaptive stabilization framework for distributed hash tables. *Parallel and Distributed Processing Symposium, International*, 0 :12, 2006.

[31] Christos Gkantsidis and P. Rodriguez. Network coding for large scale content distribution. 2005.

[32] P. Brighten Godfrey, Scott Shenker, and Ion Stoica. Minimizing churn in distributed systems. In *Proceedings of the 2006 conference on Applications, technologies, architectures, and protocols for computer communications*, SIGCOMM '06, pages 147–158, New York, NY, USA, 2006. ACM.

[33] Michael T. Goodrich. Succinct greedy graph drawing in the hyperbolic plane. In *Proceedings of the 16th International Symposium on Graph Drawing*, 2008.

[34] Vincent Gramoli, Anne marie Kermarrec, Achour Mostefaoui, Michel Raynal, and Bruno Sericola. Core persistence in peer-to-peer systems : Relating size to lifetime. In *In Proceedings of the International OTM Workshop on Reliability in Decentralized Distributed systems (OTM06), volume 4218 of LNCS*, pages 1470–1479. Springer, 2006.

[35] Steven Gribble, Alon Halevy, Zachary Ives, Maya Rodrig, and Dan Suciu. What can databases do for peer-to-peer ? In *IN WEBDB*, 2001.

[36] Krishna P. Gummadi, Richard J. Dunn, Stefan Saroiu, Steven D. Gribble, Henry M. Levy, and John Zahorjan. Measurement, modeling, and analysis of a peer-to-peer file-sharing workload. In *Proceedings of the nineteenth ACM symposium on Operating systems principles*, SOSP '03, pages 314–329, New York, NY, USA, 2003. ACM.

[37] Helena Handschuh, Lars R. Knudsen, and Matthew J. Robshaw. Analysis of sha-1 in encryption mode, 2001.

[38] Nicholas J. A. Harvey, Michael B. Jones, Stefan Saroiu, Marvin Theimer, and Alec Wolman. Skipnet : a scalable overlay network with practical locality properties. In *Proceedings of the 4th conference on USENIX Symposium on Internet Technologies and Systems - Volume 4*, USITS'03, pages 9–9, Berkeley, CA, USA, 2003. USENIX Association.

[39] Manfred Hauswirth and Roman Schmidt. R. : An overlay network for resource discovery in grids. In *In : 2nd International Workshop on Grid and Peer-to-Peer Computing Impacts on Large Scale Heterogeneous Distributed Database Systems*, 2005.

[40] Xiaojun Hei, Chao Liang, Jian Liang, Yong Liu, and Keith Ross. A Measurement Study of a Large-Scale P2P IPTV System. *IEEE Transactions on Multimedia*, 9(8), 2007.

[41] Octavio Herrera and Taieb Znati. Modeling Churn in P2P Networks. In *Proceedings of the 40th Annual Simulation Symposium*, ANSS '07, pages 33–40, Washington, DC, USA, 2007. IEEE Computer Society.

[42] Wolfgang Hoschek. Peer-to-peer grid databases for web service discovery. In *CERN IT Division. 2002*. Wiley Press, 2002.

[43] Frans Kaashoek and David R. Karger. Koorde : A simple degree-optimal distributed hash table. pages 98–107, 2003.

[44] Sepandar D. Kamvar, Mario T. Schlosser, and Hector Garcia-molina. The EigenTrust Algorithm for Reputation Management in P2P Networks. In *in Proceedings of the 12th International World Wide Web Conference (WWW 2003)*, 2003.

[45] Jon Kleinberg. Complex networks and decentralized search algorithms. In *Proceedings of the International Congress of Mathematicians (ICM)*, 2006.

[46] Robert Kleinberg. Geographic routing using hyperbolic space. In *Proceedings of the 26th IEEE International Conference on Computer Communications*, pages 1902–1909. IEEE Computer and Communications Societies, 2007.

[47] Dmitri Krioukov, Fragkiskos Papadopoulos, Marián Boguñá, and Amin Vahdat. Greedy forwarding in scale-free networks embedded in hyperbolic metric spaces. *ACM Performance Evaluation Review*, 37(2) :15–17, 2009.

[48] Salma Ktari, Artur Hecker, and Houda Labiod. Power-Law Chord Architecture in P2P Overlays, 2008.

[49] Salma Ktari, Artur Hecker, and Houda Labiod. Exploiting routing unfairness in dht overlays, 2009.

[50] Salma Ktari, JunHong Huang, Artur Hecker, and Houda Labiod. « Effet de la mobilité MANET sur un système P2P », 2007.

[51] Erwan Le Merrer, Anne-Marie Kermarrec, and Vincent Gramoli. Méthode décentralisée de mesure de dynamisme d'un réseau logique. In *6eme Conference Francaise en Systemes d'Exploitation (CFSE'08)*, Fribourg, Suisse, 2008. ACM SIGOPS de France.

[52] Zhiyu Liu, Ruifeng Yuan, Zhenhua Li, Hongxing Li, and Guihai Chen. Survive under high churn in structured P2P systems : evaluation and strategy. In *Proceedings of the 6th international conference on Computational Science - Volume Part IV*, ICCS'06, pages 404–411, Berlin, Heidelberg, 2006. Springer-Verlag.

[53] Dmitri Loguinov, Juan Casas, and Xiaoming Wang. Graph-theoretic analysis of structured peer-to-peer systems : routing distances and fault resilience. *IEEE/ACM Trans. Netw.*, 13(5) :1107–1120, October 2005.

[54] Eng Keong Lua, Jon Crowcroft, Marcelo Pias, Ravi Sharma, and Steven Lim. A survey and comparison of peer-to-peer overlay network schemes. *Communications Surveys & Tutorials, IEEE*, 7 :72–93, 2005.

[55] Damien Magoni and Mickaël Hoerdt. Internet Core Topology Mapping and Analysis. *Computer Communications*, 28(5) :494–506, March 2005.

[56] Dahlia Malkhi, Moni Naor, and David Ratajczak. Viceroy : a scalable and dynamic emulation of the butterfly. In *Proceedings of the twenty-first annual symposium on Principles of distributed computing*, PODC '02, pages 183–192, New York, NY, USA, 2002. ACM.

[57] Gurmeet Singh Manku. Routing networks for distributed hash tables, 2003.

[58] Lorne Mason, Tadeusz Drwiega, and James Yan, editors. *Managing Traffic Performance in Converged Networks, 20th International Teletraffic Congress, ITC20 2007, Ottawa, Canada, June 17-21, 2007, Proceedings*, volume 4516 of *Lecture Notes in Computer Science*. Springer, 2007.

[59] Mayer. Peer-to-peer netwroks. In *Addison-Wesley, Reading, Massachusetts*, 1993.

[60] Petar Maymounkov. Greedy embeddings, trees, and euclidean vs. lobachevsky geometry, 2006.

[61] Petar Maymounkov and David Mazières. Kademlia : A peer-to-peer information system based on the xor metric. pages 53–65, 2002.

[62] D. Milojicic, V. Kalogeraki, R. Lukose, K. Nagaraja, J. Pruyne, and B. Richard. Peer-to-peer computing. Technical Report HPL-2002-57, HP Laboratories, March 2002.

[63] Alexandre Miquel. Un afficheur générique d'arbres à l'aide de la géométrie hyperbolique. In *In Journées francophones des langages applicatifs (JFLA)*, pages 49–62, 2000.

[64] Moni Naor and Udi Wieder. Novel Architectures for P2P Applications : the Continuous-Discrete Approach. In *Exemple à supprimer ici*, pages 50–59, 2002.

[65] Andy oram, editor. *Peer-to-Peer : Harnessing the Power of Disruptive Technologies*. O'Reilly & Associates, Inc., Sebastopol, CA, USA, 2001.

[66] Christos H. Papadimitriou and David Ratajczak. On a conjecture related to geometric routing. *Theor. Comput. Sci.*, 344(1) :3–14, 2005.

[67] Fragkiskos Papadopoulos, Dmitri Krioukov, Marián Boguñá, and Amin Vahdat. Greedy forwarding in dynamic scale-free networks embedded in hyperbolic metric spaces. In *Proceedings of the Conference INFOCOM*, 2010.

[68] Michael Piatek, Tomas Isdal, Thomas Anderson, Arvind Krishnamurthy, and Arun Venkataramani. Do incentives build robustness in bittorrent. In *In NSDI 07*, 2007.

[69] William Pugh. Skip lists : a probabilistic alternative to balanced trees. *Commun. ACM*, 33(6) :668–676, June 1990.

[70] Ananth Rao, Sylvia Ratnasamy, Christos Papadimitriou, Scott Shenker, and Ion Stoica. Geographic routing without location information. In *Proceedings of the 9th MobiCom*, pages 96–108. ACM, 2003.

[71] Sylvia Ratnasamy, Paul Francis, Mark Handley, Richard Karp, and Scott Shenker. A scalable content-addressable network. In *IN PROC. ACM SIGCOMM 2001*, pages 161–172, 2001.

[72] Sean Rhea, Dennis Geels, Timothy Roscoe, and John Kubiatowicz. Handling churn in a dht. In *Proceedings of the annual conference on USENIX Annual Technical Conference*, ATEC '04, pages 10–10, Berkeley, CA, USA, 2004. USENIX Association.

[73] John Risson and Tim Moors. Survey of research towards robust peer-to-peer networks : search methods. *Comput. Netw.*, 50(17) :3485–3521, December 2006.

[74] Rodrigo Rodrigues and Charles Blake. When multi-hop peer-to-peer lookup matters. In *Proceedings of the Third international conference on Peer-to-Peer Systems*, IPTPS'04, pages 112–122, Berlin, Heidelberg, 2004. Springer-Verlag.

[75] Antony Rowstron and Peter Druschel. Pastry : Scalable, decentralized object location, and routing for large-scale peer-to-peer systems. *IN : MIDDLEWARE*, pages 329–350, 2001.

[76] Houda Labiod Salma Ktari, Artur Hecker. « exploiting routing unfairness in dht overlays ».

[77] Stefan Saroiu, P. Krishna Gummadi, and Steven D. Gribble. A measurement study of peer-to-peer file sharing systems. 2002.

[78] Dr. Scholl. Nap protocol specification. In *Technical report, Sourceforge, 2000*.

[79] Khaldoon Shami, Damien Magoni, and Pascal Lorenz. Autonomous, scalable, and resilient overlay infrastructure. *Journal of Communications and Networks*, 8(4) :378–390, December 2006.

[80] Ion Stoica, Robert Morris, David Karger, M. Frans Kaashoek, and Hari Balakrishnan. Chord : A scalable peer-to-peer lookup service for internet applications. pages 149–160, 2001.

[81] D. Stutzbach and R. Rejaie. Understanding churn in peer-to-peer networks. In *Proceedings of the 6th ACM SIGCOMM on Internet measurement*, pages 189–202. ACM Press New York, NY, USA, 2006.

[82] Telesphore Tiendrebeogo, Damien Magoni, and Oumarou Sié. Virtual Internet Connections Over Dynamic Peer-to-Peer Overlay Networks. In *3rd International Conference on Evolving Internet*, pages pp. 58–65, Luxembourg, June 2011.

[83] University of California, San Diego, http ://www.caida.org/home. *The Cooperative Association for Internet Data Analysis*.

[84] Fred von Lohmann. Peer-to-peer file sharing and copyright law : A primer for developers. In *Exemple à supprimer*, pages 108–117, 2003.

[85] Long Vu, Indranil Gupta, Jin Liang, and Klara Nahrstedt. Measurement and Modeling of a Large-scale Overlay for Multimedia Streaming. In *Proceedings of the Fourth International Conference on Heterogeneous Networking for Quality, Reliability, Security and Robustness*, 2007.

[86] Feng Wang, Jiangchuan Liu, and Yongqiang Xiong. Stable peers : Existence, importance, and application in peer-to-peer live video streaming. In *INFOCOM 2008. 27th IEEE International Conference on Computer Communications, Joint Conference of the IEEE Computer and Communications Societies, 13-18 April 2008, Phoenix, AZ, USA*, pages 1364–1372. IEEE, 2008.

[87] Miao Wang, Lisong Xu, and Byrav Ramamurthy. Providing statistically guaranteed streaming quality for peer-to-peer live streaming. In *Proceedings of the 18th international
workshop on Network and operating systems support for digital audio and video*, NOSS-
DAV '09, pages 127–132, New York, NY, USA, 2009. ACM.

[88] Zhongmei Yao, Xiaoming Wang, Derek Leonard, and Dimitri Loguinov. Node isolation
model and age-based neighbor selection in unstructured P2P networks. *IEEE/ACM Trans.
Netw.*, 17(1) :144–157, February 2009.

[89] Ben Y. Zhao, Ling Huang, Jeremy Stribling, Sean C. Rhea, Anthony D. Joseph, and
John D. Kubiatowicz. Tapestry : A resilient global-scale overlay for service deployment.
IEEE Journal on Selected Areas in Communications, 22 :41–53, 2004.

Références concernant la partie II

[90] Lorenzo Alvisi, Thomas C. Bressoud, Ayman El-Khashab, Keith Marzullo, and Dmitrii
Zagorodnov. Wrapping Server-Side TCP to Mask Connection Failures. In *In Proc. IEEE
INFOCOM*, pages 329–337, 2001.

[91] Olivier Beaumont, Anne-Marie Kermarrec, and Étienne Rivière. Raynet : approximation de
structures complexes pour la recherche de données multidimensionnelles à grande échelle,
2008.

[92] Jean-Michel Busca, Fabio Picconi, and Pierre Sens. Pastis : a highly-scalable multi-user
peer-to-peer file system. In *Proceedings of the 11th international Euro-Par conference on Parallel Processing*, Euro-Par'05, pages 1173–1182, Berlin, Heidelberg, 2005. Springer-Verlag.

[93] Cyril Cassagnes, Telesphore Tiendrebeogo, Yérom-David Bromberg, and Damien Magoni.
DHT Basée sur la Géométrie Hyperbolique. In *CFIP 2011 - Colloque Francophone sur l
Ingénierie des Protocoles*, Sainte Maxime, France, 2011. UTC. Session papiers courts.

[94] Miguel Castro, Manuel Costa, and Antony Rowstron. Performance and dependability of
structured peer-to-peer overlays. In *IN PROCEEDINGS OF THE 2004 DSN*, 2003.

[95] Bin Chang, Liang Dai, Yi Cui, and Yuan Xue. On Feasibility of P2P On-Demand Streaming
via Empirical VoD User Behavior Analysis. In *28th IEEE International Conference on
Distributed Computing Systems Workshops (ICDCS 2008 Workshops), 17-20 June 2008,
Beijing, China*, pages 7–11. IEEE Computer Society, 2008.

[96] Reuven Cohen and Shlomo Havlin. Scale-free networks are ultrasmall. 2002.

[97] Frank Dabek, M. Frans Kaashoek, David Karger, Robert Morris, and Ion Stoica. Wide-area
cooperative storage with cfs. *SIGOPS Oper. Syst. Rev.*, 35(5) :202–215, October 2001.

[98] Luc Devroye. Non-uniform random variate generation, 1986.

[99] László Gyarmati and Tuan Anh Trinh. Scafida : a scale-free network inspired data center
architecture. *SIGCOMM Comput. Commun. Rev.*, 40(5) :4–12.

[100] Page Ernest H. Simulation modeling methodology : Principles and etiology of decision
support, 1994.

[101] Jimmy Jernberg, Vladimir Vlassov, Ali Ghodsi, and Seif Haridi. Doh : a content deli-
very peer-to-peer network. In *Proceedings of the 12th international conference on Parallel
Processing*, Euro-Par'06, pages 1026–1039, Berlin, Heidelberg, 2006. Springer-Verlag.

[102] Nadjia Kara. Mobility management approaches for Mobile IP networks : Performance comparison and use recommendations. *IEEE Transactions on Mobile Computing*, 8(10) :1312–
1325, 2009.

[103] Martin Landers, Han Zhang, and Kian-Lee Tan. Peerstore : Better performance by relaxing in peer-to-peer backup. In *Proceedings of the Fourth International Conference on Peer-to-Peer Computing*, P2P '04, pages 72–79, Washington, DC, USA, 2004. IEEE Computer Society.

[104] Eng Keong Lua, Jon Crowcroft, Marcelo Pias, Ravi Sharma, and Steven Lim. A survey and comparison of peer-to-peer overlay network schemes. *Communications Surveys & Tutorials, IEEE*, 7 :72–93, 2005.

[105] P.M. Maatallah. *Theorie de la mesure et Integration : Measure Theory and Integration*. Editions universitaires europeennes EUE, 2010.

[106] Damien Magoni. Network Topology Analysis and Internet Modelling with Nem. *International Journal of Computers and Applications*, 27(4) :252–259, 2005.

[107] Vincent Mazet, David Brie, and Jérôme Idier. Simuler une distribution normale à support positif à partir de plusieurs lois candidates. In *20ème Colloque GRETSI*, Sep 2005.

[108] Alberto Montresor and Márk Jelasity. Peersim : A scalable p2p simulator. In *Proc. of the 9th Int. Conference on Peer-to-Peer (P2P'09)*, pages 99–100, Seattle, WA, September 2009. IEEE.

[109] J. Postel, Request Comments, and J. Reynolds. File transfer protocol (ftp), 1985.

[110] Antony Rowstron and Peter Druschel. Storage management and caching in past, a large-scale, persistent peer-to-peer storage utility. *SIGOPS Oper. Syst. Rev.*, 35(5) :188–201, October 2001.

[111] Alex Snoeren, Hari Balakrishnan, and Frans Kaashoek. Reconsidering Internet Mobility. In *8th Workshop on Hot Topics in Operating Systems*, Elmau/Oberbayern, Germany, May 2001.

[112] Alex C. Snoeren and Hari Balakrishnan. An end-to-end approach to host mobility. In *Proceedings of the 6th annual international conference on Mobile computing and networking*, MobiCom '00, pages 155–166, New York, NY, USA, 2000. ACM.

[113] W. Richard Stevens. *TCP/IP illustrated (vol. 1) : the protocols*. Addison-Wesley Longman Publishing Co., Inc., Boston, MA, USA, 1993.

[114] Florin Sultan, Kiran Srinivasan, Deepa Iyer, and Liviu Iftode Ỳ. Migratory TCP : Connection Migration for Service Continuity in the Internet. In *In Proc. ICDCS 2002*, pages 469–470, 2002.

[115] Telesphore Tiendrebeogo, Daouda Ahmat, and Damien Magoni. Reliable and Scalable Distributed Hash Tables Harnessing Hyperbolic Coordinates. In *IFIP International Conference on New Technologies, Mobility and Security(NTMS'12)*, pages pp. 1–6, Istanbul, Turkey, 2012.

[116] Telesphore Tiendrebeogo, Daouda Ahmat, Damien Magoni, and Oumarou Sié. Virtual Connections in P2P Overlays with DHT-Based Name to Address Resolution. *International Journal on Advances in Internet Technology*, 5(1) :11–25, 2012.

[117] Dimitri Zagorodnov. *Engineering fault-tolerant TCP/ip services*. PhD thesis, 2004. AAI3137231.

[118] Victor C. Zandy and Barton P. Miller. Reliable network connections. In *Proceedings of the 8th annual international conference on Mobile computing and networking*, MobiCom '02, pages 95–106, New York, NY, USA, 2002. ACM.

www.ingramcontent.com/pod-product-compliance
Lightning Source LLC
Chambersburg PA
CBHW021103210326
41598CB00016B/1307